Einar Már Guðmundsson

Wie man ein Land in den Abgrund führt

Die Geschichte von Islands Ruin

Aus dem Isländischen
von Gudrun M. H. Kloes

Carl Hanser Verlag

Titel der Originalausgabe: *Hvíta bókin*. Forlagið, 2009

Gudrun M. H. Kloes dankt für die freundliche Unterstützung des Europäischen Übersetzerkollegiums in Straelen, wo sie die Gelegenheit hatte, unter idealen Bedingungen an der Übersetzung dieses Buches zu arbeiten.

1 2 3 4 5   14 13 12 11 10

ISBN 978-3-446-23510-6
© Carl Hanser Verlag München 2010
Satz im Verlag: Nadine Wagner, München
Druck und Bindung: Friedrich Pustet, Regensburg
Printed in Germany

Time and H$_2$O

Der Windstoß fegt in H-Moll
und bewölkt ist diese Rockmusik

über die Landschaft des Körpers
zog friedlicher Rauch
und wir tanzten durch das Feuer
auf den Tönen neuer Generationen

wo aber blieb der Regenguss der Befreiung
die Barrikade im Fackelzug der Städte

Inhalt

I Appell aus dem Norden

Du, der du mit einer Insel im Herzen,
den Weiten des Universums
und Pflastern unter den Fußsohlen lebst:

Reich mir die Nordlichter!
Ich will mit dem Jugendlichen tanzen,
der die Sterne umfasst.

Wir ziehen dem Dunkel die Haut ab
und köpfen das Elend.

Dies ist das Gedicht »Herhvöt úr norðri«. Ich schrieb es vor
vielen Jahren auf den Färöern. Um genauer zu sein: Ich befand mich im Seemannsheim in Klakksvík im Februar 1993,
als eine Bankenkrise die Inselgruppe erschütterte. Mein Auf-
enthalt hatte jedoch nichts mit den Banken zu tun. Ich prä-
sentierte Literatur und Kultur meines Landes und hatte somit andere Bücher im Gepäck als Sparbücher. Dies erwähne
ich nicht, um eine unangemessene Verbindung zwischen Island und den Färöern herzustellen, welche letztere in jene
internationale Finanzmisere ziehen würde, die über Island
hereingebrochen ist und auch die Färöer früher oder später
erreichen wird; wobei zu hoffen bleibt, dass sie gnädig mit
ihnen umspringt. Uns Isländern wurde sie um die Ohren ge-
schlagen, das hält immer noch an und tut weh. Unsere Gesellschaft ist ruiniert, sie befindet sich in Auflösung.

Trotzdem halte ich es für angebracht, dieses Buch mit dem obigen Gedicht einzuleiten, weil darin mein geschäftiger, die Welt umschweifender Geist zum Ausdruck kommt, der mich in letzter Zeit zu Abrissen, Essays und Artikeln trieb. Ja, ich versuchte, der Dunkelheit die Haut abzuziehen und das Elend zu köpfen, was mir nicht immer gelang, ebensowenig wie anderen Rittern der Literatur. Wenn man ein Land wie Island betrachtet, wirkt es wie ein winziger Buckel im Acker der besiedelten Welt, doch wollte man den Buckel unter die Lupe nehmen, könnte es durchaus sein, dass er die ganze Welt enthält. Je lokaler der Blickwinkel eines Autors, um so näher rückt er ans Herz der Welt, das steht fest. Und das ist der Anlass, lieber Leser, die Hand der Wörter zu ergreifen und sich an die Gestade jenes Landes leiten zu lassen, wo Stühle herbeigezogen und Geschichten davon erzählt werden, wie es einmal war, was passierte und wie es heute ist. Mag sein, dass sich jemand provoziert fühlt oder andere sich an Bonmots der Wahrheit erfreuen, die mir während des großen Umsturzes zuflogen, jener Revolution der Topfdeckel und Kochlöffel, als die Banken zusammenbrachen und Korruption aus dem Krater der freien Marktwirtschaft wallte, des kapitalistischen Systems, das die Menschheit in Ketten schlug. In Island haben die Regierenden ihre Blöße mit Paragraphen und Winkelzügen bedeckt; mit Kreditverwicklungen des Geistes, der Bonität der Gedanken sowie anderem Unrat, den man auch Lüge nennen könnte.

Vieles davon erinnert an *Das Leichenbegängnis der Großen Mama* von Gabriel García Márquez, anderes an *Hans und die Bohnenranke*, und immer wieder kommt einem *Des Kaisers neue Kleider* in den Sinn. Hans Christian Andersen und die Gebrüder Grimm scheinen vor langer Zeit den Nagel auf den

Kopf getroffen zu haben. Deshalb will ich mit dem Herzen schreiben, in die Zeit hinein und in den Geist der Welt. Ich möchte nichts unterschlagen und alles angeben. Meine Worte verbergen sich nicht in Steueroasen, sie verschwinden nicht in Schubladen oder bilden kapitale Überkreuzverflechtungen mit anderen Autoren. Ein guter Dichter stiehlt, ein schlechter Dichter kopiert, sagte T. S. Eliot, nahm Homers beste Happen und schleuderte sie in die Themse. An dieser Stelle will ich Fragen aufwerfen und Antworten geben. Wie in einer Publikumssendung im Radio, Sie können anrufen und Ihre eigene Stimme im Radio hören. Ich werde recht haben, ich werde unrecht haben, und manchmal keines von beiden.

In einem richtungsweisenden Werk der isländischen Literatur, den *Briefen an Lára* aus dem Jahr 1924, will der Autor Þórbergur Þórðarson den Stift zu Ehren der Adressatin Lára mit beiden Händen führen, doch ein knappes Jahrhundert später hämmere ich auf der Tastatur herum wie ein Organist und drucke aus und nehme den Stift zum Kritzeln. Natürlich wäre es schön, eine ebenso kühne Präambel zu liefern wie Þórbergur im genannten Buch, wo er aufzählt, was er in seinen Dienst stellen will: die Phantasie des Dichters, die Weisheit des Gelehrten, die Mystik des Träumers, den Schauder des Schwermütigen, die Rhetorik des Sprachgenies, das Lachen des Humoristen, die Bitternis des Spötters, die Visionen des Idealisten, die Kritik des Revolutionärs, die Stärke des Humanisten, den Mut des Aufrichtigen und vieles andere mehr. Þórbergur hatte Großes vor und führte es durch. Ich dagegen will der Stille Worte verleihen und an das Vergessene erinnern, doch ich höre auch Stimmen aus der Vergangenheit, vertraue keinen Indexziffern und nehme die Realität mit Bedacht.

In all diesem Umbruch, der nun herrscht, stellt sich die Frage, ob Karl Marx am Ende recht hatte. Mein Freund, der alle Bände des *Kapitals* besitzt und auch gelesen hat, sagt mir, dass ein Zustand wie der jetzige im dritten Band behandelt wird, der jedoch kaum Beachtung findet, weil im zweiten Band so viel Mathematik vorkommt. Dies sagt mein Freund, dem es nicht ausreicht, alle Bände des *Kapitals* zu besitzen, sondern der sie auch liest, und das ist mehr, als ich getan habe und die meisten anderen. Im dritten Band spricht Marx von fiktivem Kapital; das ist, wenn keine Sachwerte hinter dem Gewinn stehen, sondern Makulatur von Hand zu Hand geht, wertloses Papier; wertlos, weil kein Mehrwert entsteht.

So eine Trickkiste bastelten die isländischen Kapitalisten, gern auch Expansionswikinger genannt und als taff und clever betrachtet, weil sie die Kleinheit Islands hinter sich ließen. Sie erschienen als Halbgötter in ihren eigenen Medien und wendeten sich sozusagen als Ausgleich zu den Geldgeschäften edlen Zielen zu, während ihren Frauen die Kinder in Afrika ans Herz wuchsen. Die Ehefrauen lobten ihre Männer in der Öffentlichkeit als tüchtige Schaffer, die ein gutes Händchen hätten für alles, was sie anfassten, was den Frauen ermöglichte, an wohltätige Zwecke zu denken. Die Männer wurden Shareholder in Firmen, errangen dort bald die Vorstandsmehrheit, gründeten neue Gesellschaften, verkauften die alten und strichen die Gewinne ein, die doch nichts anderes waren als der Besitz der Teilhaber. So funktionierte die Trickkiste, und sie verschlang viele wertvolle Firmen. Danach präsentierten sich die Wikinger wieder in ihren Zeitungen, hatten sich eine Skipiste in den Alpen zugelegt, Luxuswohnungen in Manhattan und Yachten in Florida. Wahre Glückspilze waren das.

Sie werden bemerkt haben, dass ich das Wort Trickkiste benutzte. Das ist nicht ganz korrekt, denn eigentlich wurde alles nach den Gesetzmäßigkeiten des freien Marktes abgewickelt und von ihm abgesegnet. Weder Gesetze noch Regulierungen verhinderten die Transaktionen der Finanzbarone. Islands Politiker lagen im Dornröschenschlaf, zuckten mit den Achseln und prosteten den Geldfürsten zu, ja sie waren geradezu gekränkt, wenn sie nicht zu Partys eingeladen wurden, in denen Glanz und Glamour von Hollywood auf Island abfärbten.

Um dies etwas weiter auszuführen, schiebe ich hier eine Schilderung des Volkswirtschaftlers Þorvaldur Gylfason vom Überfluss der Superreichen ein. Er schreibt im Herbst 2008 in einem Artikel der isländischen, seit 1827 regelmäßig erscheinenden Zeitschrift *Skírnir*: »Es hätte jedem vernünftigen Menschen auffallen müssen, dass die Aktivitäten der Expansionswikinger sowie ihrer Freunde in Bank- und Regierungskreisen völlig abwegig waren. Keine Geschäftsführung kann unter einer derart offensichtlichen Dummheit bestehen. Nehmen wir den Fischquotenkönig als Beispiel, der sich einen Hubschrauber leistete, weil ihm der Flugplan von seiner Heimatstadt auf den Westmännerinseln nach Island nicht in den Kram passte. Nehmen wir den Banker, der sich in Reykjavík ein Haus mit schusssicherem Fensterglas und komplett eingerichteter Chirurgie baute. Nehmen wir all die Leute, die sich extrem teure Häuser mit dem Ziel kauften, sie in die Luft zu jagen und noch teurere Häuser auf dem Grundstück zu errichten … Die zügellose Gier der Banken praktizierte alle Formen des Diebstahls, die das Strafgesetz kennt. Die Bankiers umgaben sich mit Politikern, um sich – so scheint es – Frieden zu erkaufen.« Wie an diesem Zitat zu erkennen ist, empören sich selbst die fähigsten Volkswirtschaftler, sie klingen wie Moralapostel, und so verkehrt sich alles: Dichter verwandeln sich in Volkswirte, und Volkswirte in Dichter.

Wenn die Vertreter des freien Kapitalverkehrs vom Markt sprechen, greifen sie auf religiös anmutende Formulierungen zurück: »Der Markt regelt das.« Oder: »Wir überlassen das dem Markt.« Man muss nur das Wort Markt austauschen. Mit »Gott« an seiner Stelle tritt der religiöse Charakter der freien Marktwirtschaft deutlich an den Tag. Die »unsichtbare Hand des Marktes« wird zu Gottes Wille, und es spielt dabei keine Rolle, wie man zu Gott steht – Mammon jedoch ist ausgefuchst und erscheint in diverser Maskerade.

Wie gesagt, die Expansionswikinger, die Finanzbarone, die isländischen Kapitalisten oder wie man sie auch nennen mag, taten nichts anderes, als dem Markt – oder Mammon – zu opfern. Die Spielregeln waren verabredet, sie nutzten sie. Dazu kamen astronomische Gehälter, Vorkaufsrechte, Bonuszahlungen und andere nette Sachen. In Island entstand eine neue soziale Schicht der Superreichen und machte die Mittelschicht zu Bittstellern und die Unterschicht zu Belemmerten. Die ganze Wertevorstellung verrutschte. Normale Berufe, Lehrer beispielsweise, erschienen als bedauernswerte Tröpfe. Niemand nahm mehr den Bus. Alle bestiegen nagelneue Autos, sogar solche, die ihnen nicht gehörten, die nicht auf Reifen, sondern auf Wechseln liefen.

Die Direktoren der neuen Privatbanken plusterten sich auf. Sie betrachteten ihre Tätigkeit als derartige Leistung, dass sie monatlich Summen in Höhe des Nobelpreises dafür kassierten. Wurden sie auf die übermäßige Großzügigkeit zu eigenen Gunsten hingewiesen, wurden sie eingeschnappt und drohten, ins Ausland zu gehen. Man hätte gut daran getan, ihnen wie in der *Saga von Grettir dem Starken* eine gute Reise zu wünschen und sie zu bitten, bloß nicht wiederzukommen. Doch sie behaupteten, im Ausland seien sie sehr gefragt und sie trügen so viel Verantwortung. Man wäre nicht überrascht gewesen, hätte jemand sie geklont, damit ihr Glanz auf die ganze Welt abfärbte. Schließlich wäre es so weit gekommen, dass das isländische Genforschungsinstitut deCODE ein bisher unbekanntes Gen isoliert hätte, das die Kritiker der Marktwirtschaft steuert. Einer jener Herren sprach sogar davon, Doktoranden damit zu beschäftigen, den dänischen Neid auf das isländische Wirtschaftswunder zu erforschen.

Darauf werde ich später noch einmal zurückkommen, jetzt aber verlangt Karl Marx, dass ich genauer auf seine Erkenntnisse eingehe. Der Unterschied zwischen Marx und den meisten gegenwärtigen Volkswirtschaftlern, so wird gesagt, besteht im historischen Überblick, den Marx hatte – dass er die Geschichte als Exempel betrachtete und daraus seine Schlüsse zog. So gesehen besteht zwischen den Methoden von Marx und epischen Romanschriftstellern eine Affinität; nur die Ausgangsposition ist eine andere. Die Wahrheit ist parteiisch, sagte Marx. Das ist sie auch bei einem Erzähler, der Fakten sammelt und verarbeitet. Hier handelt es sich also um Entsprechungen, wie sie auch in der modernen Literatur vorkommen; unterschiedliche Abschnitte weisen Parallelen auf und korrespondieren miteinander.

Karl Marx dürfte die Realität des fabelhaften Reichtums vom Blickwinkel der Krise zur Mitte des 19. Jahrhunderts betrachtet haben, 1859, meine ich mich zu erinnern. Es dürfte die schwerste Krise gewesen sein, die die bürgerliche Gesellschaft erschütterte, abgesehen von der Krise um 1930 und jener, die nun herrscht. Man kann sie mit Vulkanausbrüchen vergleichen; andere Krisen sind dann wie Erdbeben und diverse, lokal begrenzte Nachbeben. Zur Mitte des 19. Jahrhunderts boomte in Europa der Ausbau der Kommunikationswege. Er brach mit einem ähnlichen Knall zusammen wie heute das Finanzwesen.

Bekanntlich wurde die Krise 1930 von einer Überproduktion ausgelöst, und die Krise 2008 von einer Überinvestition, denn sie setzte in den Finanzinstituten und Banken ein. Die Fassungslosigkeit angesichts der Gier, die diesem just zusammengebrochenen Finanzsystem folgte, ist nur allzu verständlich, zumal einige isländische Finanzbarone auf Listen der reichsten Männer der Welt erschienen waren. Sie reisten in Privatjets durch die Gegend und übertrumpften sich gegenseitig mit allerhand Eitelkeiten. Bands wie Duran Duran traten zur Silvesterparty auf und Elton John sang zum Geburtstag. Es liegt mir fern, über Musikgeschmack zu diskutieren, doch diverse Künstler entwickelten sich zu wahren Hofdichtern und -malern der Finanzaristokratie.

Ja, sogar der Präsident Islands bereiste mit ihnen die halbe Welt, etwa um ein Fußballspiel zu sehen, und er verglich sie in seinen Festansprachen mit Helden und lobte ihre Verwegenheit. Der Geldadel hatte auch die Parteichefin der Sozialdemokratischen Union in der Tasche, und sie und der Präsident ähnelten Bauchrednern der Superreichen; als letztere sich kritisiert fühlten, suchten sie einen Widersacher und wiesen auf Davíð Oddsson, der fast alle verfügbaren, hohen Ämter des Landes eingenommen hatte, vom Bürgermeister über den Ministerpräsidenten bis hin zum Zentralbankchef. Aus dem letztgenannten Amt wurde Davíð Oddsson im Februar 2009 nach heftigem Hin und Her verdrängt und verfasste dann zunächst Kurzgeschichten und legte Baumschulen an.

Die familiär eng untereinander verbundenen Herren von Baugur (was Ring bedeutet), oder genaugenommen: die Milliardäre von Baugur Group, schoben Davíð Oddsson in seiner Funktion als Zentralbankchef die Finanzkrise in die Schuhe, und zu diesem Zweck mobilisierten sie ihre Presseorgane ohne Unterlass. Eine absurde Erbitterung, von der Sozialdemokratischen Union, beispielsweise der Parteivorsitzenden Ingibjörg Sólrún Gísladóttir, fromm nachgebetet. Schließlich sprachen die betroffenen Milliardäre bei dem Versuch, gegen ihre Vergehen und das damit verbundene Moralmanko von Baugur anzugehen, von Sippenhaft. Davíð Oddsson hat die »Herren des Rings« der Gier und Korruption beschuldigt, er nannte sie Vorreiter des Chaos und setzte seine gesamte, beachtliche Redekunst ein, um sie lächerlich zu machen.

Aber Davíð vergisst eins. Nämlich dass er und seine Regierungspartei, die konservative Selbständigkeitspartei Sjálfstæðisflokkurinn, mit der Privatisierung der Banken und dem absoluten Mangel an Regeln zu deren Geschäftspraxis die Basis der Korruption legten. Auch die ehemals bäuerliche Fortschrittspartei der Mitte, Framsóknarflokkurinn, mit Wirtschaftsministerin Valgerður Sverrisdóttir an der Spitze, trug erheblich dazu bei. Der Ministerin unterstanden auch die Banken. Als jene privatisiert wurden, proklamierte sie zum Jahresende 2002: »Dies ist ein sehr bedeutender Schritt, handelt es sich doch um die umfangreichste Privatisierung isländischer Geschichte.« Und sie hatte es so eilig mit der Realisierung dieses Schrittes, dass Ferienhäuser und wertvolle Kunstsammlungen freigebig als kostenloser Bonus mit privatisiert wurden. Wenn jemand dies zu kritisieren wagte, war sie mit fixen Argumenten zur Hand. Zweifler an ihrer Vorgehensweise wurden als neidisch oder altmodisch verhöhnt. Es sind diese beiden Regierungsparteien der Mitte, Selbständigkeitspartei und Fortschrittspartei, die die Hauptverantwortung für das korrupte System tragen. Die Basis dazu schufen sie mit Quoten im Fischereisektor, die vom Staat in die Hände der Reeder gelegt wurden und es ermöglichen, das Recht an ungefangenem Fisch auf dem Geldmarkt zu verbraten und sich so an der Naturressource der Nation zu bereichern. Wer Quoten in der Hand hält, hat wichtige Interessen zu verteidigen.

Die Politiker befinden sich somit in der Rolle Frankensteins und die Neureichen in der Rolle des Monsters, das dem Wirtschaftssystem völlig über den Kopf wuchs. Die Politiker verschuldeten das Land in einem Maße, das nur den Begriff »Landesverrat« zulässt. Deshalb kann in der Lage, in der sich Island nun befindet, nichts anderes in Frage kommen, als das Eigentum dieser Leute zu beschlagnahmen, um sie jene Schulden begleichen zu lassen, die sie verursachten. Doch genau das scheint nicht auf dem Programm zu stehen, denn es wurden ja im eigentlichen Sinne keine Gesetze übertreten. Es wird von Landesverrat aus Fahrlässigkeit gesprochen, und obwohl endlose Skandalgeschichten in Umlauf sind, wird doch nichts getan; keine politische Entscheidung wird getroffen, keine Gesetzesänderung veranlasst, und Paragraphen werden mobilisiert, um nichts zu tun.

Der Kern der Problematik mag darin liegen, dass die Wirtschaft gewissermaßen die Macht in Island übernommen hatte. Zu diesem Zweck bediente sie sich der Philosophie der freien Marktwirtschaft sowie einer Institution, die Wirtschaftsrat (Viðskiptaráðið) heißt. Entweder hatte dieser

Wirtschaftsrat Einfluss auf den Gesetzgeber, oder der Gesetzgeber verschlief seinen Einsatz. Vielleicht sollte er schlafen, und der Schlaf war zugleich seine Aufgabe und sein Schicksal. In einer programmatischen Erklärung des Wirtschaftsrates heißt es nämlich:»Argumente gegen öffentliche Regulation und Kontrolle des Finanzmarktes überzeugen mehr als Argumente für eine solche öffentliche Einmischung. Viel vernünftiger wäre, den Partnern des Marktes zu überlassen, sich eigene Regeln zu setzen und diese zu befolgen.« Und zum Erfolg jener Politik heißt es:»Eine Studie des Wirtschaftsrates ergab, dass das Parlament (Alþingi) in 90% der Fälle teilweise oder ganz den Empfehlungen des Rates folgte.« Daraus kann geschlossen werden, dass der Wirtschaftsrat eine Art Machtübernahme zelebrierte, ohne dass jemand es bemerkt hätte. Es bedurfte keines Militärputsches und keiner anderen Gewaltanwendung, um die Ideologie der freien Marktwirtschaft durchzusetzen, im Gegenteil: In Island flutschten ihre Forderungen wie geschmiert durch das Parlament, ohne dass jemand entgegengetreten wäre. Die Vermutung liegt nahe, dass der Gesetzgeber Vollzugsbeamter des Wirtschaftsrates war, als er 90% der Beschlüsse eines Gremiums absegnete, dessen Vorstand sich aus einer Reihe von Leuten zusammensetzte, die eng mit dem Marktversagen verknüpft sind. Schließlich muss man berücksichtigen, dass sich die meisten Presseorgane im Besitz genau dieser Leute befanden, wodurch sie direkt und indirekt in die Diskussion eingreifen konnten – durch Unterschlagung unangenehmer Informationen oder Aufbauschung von anderen. Die Parteibeschlüsse der Selbständigkeitspartei lesen sich wie Blaupausen der Beschlüsse des Wirtschaftsrates.

Oberflächlich betrachtet ist die Argumentation Davíð

Oddssons über die korrupten und gierigen Vorreiter des Chaos durchaus zutreffend, denn Chaos und Verschwendung suchen ihresgleichen. Vertreter der Selbständigkeitspartei drehen den Spieß um und werfen dem Volk vor, versagt zu haben; das Parteiprogramm sei es jedenfalls nicht gewesen. So versuchen die Verkünder des Neoliberalismus sich überall auf der Welt aus der Affäre zu ziehen und die Korruption zu rechtfertigen, die ihr System schuf. Man muss nicht bis zum Römischen Reich zurückgehen, um Vergleichbares zu finden; näher liegen die zwanziger Jahre, *the roaring twenties*, als der große Gatsby in Erscheinung trat und literarische Personen wie Babbitt entstanden. Babbitt hat nämlich mit vielen der heutigen Finanzbarone gemein, dass es sich um eine im Grunde bedauernswerte Person handelt, die zugleich der Gier und der Oberflächlichkeit verfallen ist. Aber auch so weit müssen wir nicht zurückgehen. Joseph Stiglitz, Nobelpreisträger, Finanzberater der Clintons und eingeschworener Anhänger des freien Marktes (der ihm dann aber über die Hutschnur ging), ist Autor des Buches *The Roaring Nineties*, welches – wenn man es so interpretieren will – vom Geschehen im isländischen Finanzwesen handelt, nur dass bei ihm Betroffene wie die Enron-Geschäftsführung zur Verantwortung gezogen werden. In Island aber werden Finanzspekulanten vom Präsidenten Ólafur Ragnar Grímsson in seine Residenz Bessastaðir zum festlichen Abendessen empfangen, um die Börsenspekulantin Martha Stewart zu begrüßen, die wohl eine gute Freundin der Präsidentengattin Dorrit Moussaieff ist. Man sollte annehmen, dass der Präsident uns, seiner Nation, eine Erklärung schuldig ist. Doch aus dieser Richtung kommen nicht viele Erklärungen, ganz zu schweigen von einer Entschuldigung oder gar einem Rücktritt.

Wenn ich behaupte, dass sich die Sozialdemokraten in der Tasche der Kapitalisten befunden hätten, dann geschieht es nicht aus Boshaftigkeit. Die Position der Sozialdemokraten hat sich in den letzten Jahren von links nach rechts verschoben. Sie wurden unreflektiert zu einer Art Packesel der freien Marktwirtschaft und sind deshalb verantwortlich oder mitverantwortlich für das oben geschilderte System. Tony Blair ist die ursprüngliche Personifizierung jener Verschiebung, und Gordon Brown, der Terrorgesetze über Island verhängte, ohne die isländische Öffentlichkeit über die Gründe aufzuklären, ist Blairs direkter Erbe. Tony Blair zog linke Strömungen an und praktizierte sodann eine unverhohlen rechte Politik. Dieser Mann war die Ikone isländischer Sozialdemokraten und ihr geistiger Anführer.

Dieser Rechtsruck beruht nicht auf einem plötzlichen Meinungsumschwung. Seine Wurzeln liegen in historischen Ereignissen wie dem Fall der Berliner Mauer und der darauf folgenden Realität, die gerne als Postmodernismus bezeichnet wird. Da ist nichts mehr eindeutig, alles ist relativ, links und rechts sind veraltet, und so weiter. Diese Situation geht mit dem Abstieg der Gewerkschaftsbewegung, Solidaritätsverlust und schwindendem gesellschaftlichem Zusammenhalt einher. Sie kristallisierte in dem Moment aus, als die Sozialdemokraten keine politische Richtung mehr anboten, sondern etwas, das sie die Politik des Dialogs nennen, mit Parallelen zur Neutralität des Postmodernismus. Während der Wahlen 2007 erwähnte ich gegenüber einem Sozialdemokraten, wie traurig es doch sei, dass seine Partei sich so wenig um die Arbeiterschaft kümmere. Der Sozialdemokrat sah mich an und gab zurück: »Arbeiterschaft! Welche Arbeiterschaft? Das sind nur ein paar Ausländer!« Es erübrigt sich, mit einer richtungsweisenden sozialdemokratischen Politik zu rechnen, wenn solche Ansichten das Bild bestimmen.

Genau diese Situation aber hat den Fürsprechern des hemmungslosen Kapitalismus und der freien Marktwirtschaft vollständigen Frieden und allumfassende Freiheit für ihre Ziele eingeräumt. Einige Spitzenpolitiker der Sozialdemokratischen Union Samfylkingin verherrlichten den Geldadel, solidarisierten sich mit dessen Selbstbedauern und seiner Verbitterung und sahen ihm prinzipiell alles nach; sie ließen die Finanzwelt verfügen – nicht nur über Handel und Geldwirtschaft, sondern auch über die Medien. In diesem Umfeld regte sich kein nennenswerter Widerstand gegen den Krieg im Irak, die Gewalttaten der Israelis in Gaza oder irgendeine andere Angelegenheit. Die Politiker durften in Talkshows auftreten und wie Schauspieler ihre Rolle aufsagen, und ein Großteil der jungen Generation verlor sich in der Anbetung technischer Geräte und snobistischen Gehabes. Die Verdummung grassierte, Schund galt als Literatur des Tages, gepriesen von oberflächlichen Personen. Ich möchte betonen, dass ich hier von Schund als Literaturgattung und nicht von einzelnen Autoren spreche.

Daher erschüttert heute nicht nur eine Finanzkrise die Haushalte unseres Landes und alle tragenden Säulen der Gesellschaft, sondern zugleich auch eine tiefe geistige Krise, die es erschwert, der Finanzkrise zu begegnen, oder richtiger: Die Oberschicht wird mit dem Schrecken davonkommen, doch das Volk endet in den Klauen des Internationalen Währungsfonds. Gemessen an dessen früherer Tätigkeit wird er den Ausbau der Privatisierung und den Abbau des Wohlfahrtssystems beschleunigen, weit über das hinaus, was bereits Realität geworden ist.

Wir befanden uns mitten im Märchen von des Kaisers neuen Kleidern, und die Weber sagen, wenn ihr nicht sehen könnt, wie geschickt wir sind, seid ihr dumm, und nicht nur dumm, sondern auch neidisch, was eigentlich schlimmer ist, weil man Zurückgebliebene an unseren exzellenten Schulen weiterbilden kann. Reicht uns die Fischgründe, gebt uns die Banken, die Wasserfälle und die Energiewirtschaft, und wir werden mit dem Präsidenten um die Welt ziehen und sagen: Wir sind die Besten auf der ganzen Erde, und wenn ihr es nicht seht, seid ihr nicht nur dumm, sondern auch neidisch.

Vielleicht ist Island eine Versuchsküche dessen, was kommen soll, und wenn nicht, dann eine groteske Miniatur der Krise, was man am besten daran erkennen kann, dass die Schuldenlast der isländischen Geldinstitute das Zwölffache des Bruttosozialproduktes beträgt. Auf die Versuchsküche werde ich noch genauer eingehen, und vielleicht selbst an anderer Stelle meiner Darlegungen über Aufstieg und Fall des isländischen Finanzwesens einige Versuche durchführen. Doch ich erinnere mich schwach, dass es im Sommer 2007 zunächst im Gefüge des amerikanischen Immobilienmarktes knirschte; und dass die Welt Grippe bekommt, wenn Amerika niest, ist weder eine neue noch eine alte Weisheit. Die isländische Volkswirtschaft jedoch hat nicht bloß eine Grippe, sondern eine auf die gesamte innere Struktur übergreifende Lungenentzündung. Gleichzeitig wird immer deutlicher, dass die zusammengebrochene amerikanische Immobilienwirtschaft sowie das isländische Bankensystem, das ebenfalls kollabiert ist, literarischen Doppelgängern mehr ähneln, als dass es sich um zwei eigenständige Gebilde handeln könnte. Das isländische Finanzwesen hatte sein Vertrauen längst eingebüßt, als der amerikanische Immobilienmarkt umkippte.

Trotzdem kann man noch nicht sagen, was die Krise eigentlich bedeutet und wie es weitergehen wird. Vieles ist geschehen, und vieles wird noch geschehen. Die unterschiedlichsten autonomen Gruppen entstanden und vereinten sich im Aufstand der Töpfe und Kochlöffel. Trotzdem ist zu hören, dass viel zuwenig viel zu langsam geschieht. Heute weiß man, dass zahlreiche Haushalte zahlungsunfähig und ratlos dastehen, nachdem die Party zu Ende gegangen ist. Der Kater, der nun folgt, wird lange anhalten, doch wenn das System am Tiefpunkt angekommen sein wird, steht zu hoffen, dass es sich wieder aufhellt. Die Gier kann als Sucht betrachtet werden, als fortgesetzter Konsum, bei dem eingebildetes Geld in die Wirtschaft gepumpt wird und die Süchtigen mehr und mehr verlangen, bis es keinen anderen Ausweg gibt als den Zusammenbruch.

So wie es nun aussieht, wird der Internationale Währungsfond mit großer Wahrscheinlichkeit die fettesten Happen des isländischen Wohlfahrtsstaates an sich reißen, die Energiequellen privatisieren und das Gesundheitswesen obendrein und somit den Plan der freien Marktwirtschaft vollenden. Dies vollzieht sich mit Unterstützung der Regierung, oder genauer gesagt, der Fond steuert die Regierung. Und doch kann man nicht wissen, ob der fette Lakai sich nicht aufraffen wird, nun, wo er zum geprügelten Sklaven geworden ist, und dann werden sich die Worte des Gedichts über die Realität ergießen:

Du, der du mit einer Insel im Herzen,
den Weiten des Universums
und Pflastern unter den Fußsohlen lebst:

Reich mir die Nordlichter!
Ich will mit dem Jugendlichen tanzen,
der die Sterne umfasst.

Wir ziehen dem Dunkel die Haut ab
und köpfen das Elend.

II Darf ich Ihnen das Einwohnerverzeichnis anbieten?

Ob die Geschichte
eine Kurve ist oder ein Säulendiagramm –
im Auge des Ökonomen
ist die Welt
eine Kartoffel auf der Handfläche Gottes.

Gewiss wird der freie Mensch
nicht länger mit Waffen erschlagen,
nicht bis auf die Schultern gespalten
oder auf dem Scheiterhaufen verbrannt.

Als solcher könnte er das Mitleid
der Historiker erregen und kurant
in der Videothek der Zukunft sein.

Statt dessen wird er vom Tisch gefegt
mit säuberlichen Statuten
und die Angelegenheit an den Markt verwiesen,
der stumm sein Werk versieht.

Es gibt einen Kannibalenwitz, der ungefähr so lautet: Ein Menschenfresser fliegt erster Klasse. Die Stewardess reicht ihm die üppige Speisekarte. Höflich, wie Menschenfresser beim ersten Anschein nun einmal sind, überfliegt er die Speisekarte und sagt sodann zur Stewardess: Ich kann nichts Knackiges auf der Speisekarte finden. Würden Sie so freundlich sein und mir die Passagierliste bringen?

Ich habe nicht vor, die Superreichen Islands, die uns zusammen mit der Regierung den Stuhl vor die Tür gesetzt haben, mit Menschenfressern zu vergleichen, nicht in der buchstäblichen Bedeutung des Wortes. Doch nachdem sie fast alles überreicht bekamen, die Banken und die staatlichen Betriebe, sieht es dennoch so aus, als hätten sie zu Regierung und Finanzaufsicht gesagt: Nun ist nichts Knackiges mehr auf der Speisekarte. Würden Sie so freundlich sein und uns die Einwohnerliste reichen?

Und die Regierung übernimmt die Garantie für ein komplettes Casino mit russischem Roulette, und das Ergebnis ist eine kolossale Schuldensuppe sowie der zerstörte Ruf einer ganzen Nation – und das uns, die wir so stolz waren und manchmal nichts anderes besaßen als unseren Stolz. Nun stehen die alten Nationalhelden im Luftzug auf ihrem Sockel – kalt, traurig und bedeutungslos. Wo ist nun der Geist der Französischen Revolution und der deutschen Romantik, nachdem man in Großbritannien Gesetze gegen uns mobilisierte, die uns mit Terroristen auf eine Stufe stellen, mit den finstersten Unrechtsstaaten der Welt und Staatsoberhäuptern, denen man nicht im Dunkeln begegnen möchte – wo doch der Geist unseres Unabhängigkeitskampfes ursprünglich von romantischen Poeten geprägt wurde, die beseelt waren von der Französischen Revolution und der Dichtkunst eines Heinrich Heine.

Wer in dieser Frage die Rolle des Osama bin Laden spielt, soll dahingestellt sein, doch viele der Multimilliardäre sind geflohen und nicht zu fassen oder lassen sich von Leibwächtern chauffieren. Sie äußern sich nicht zur Lage und versuchen, sie schweigend auszusitzen, viele von ihnen auf dem Sprung, wieder aufzutauchen und das Spiel im Geiste jenes Katastrophenkapitalismus zu wiederholen, der in weiten Teilen der Welt regierte. Ich habe nicht vor, irgend jemand mit Vater und Sohn Kim Yong Il und Kim Il Sung zu vergleichen, doch die Regierung und ihre Kontrollinstanzen scheinen dem Geldadel dieses Landes geantwortet zu haben, als jener um eine Liste der Einwohner bat: Ja, bitte sehr. Können wir sonst noch etwas für euch tun?

Das ist natürlich nichts anderes als Landesverrat, sollte das Wort noch irgendeine Bedeutung haben, und daher stellen wir die unabdingbare Forderung, wir, die wir nichts anderes haben als uns selbst und unsere Kinder und unsere Enkel, das Eigentum der auf unsere Kosten reich Gewordenen unverzüglich einzufrieren und sie zur Verantwortung zu ziehen. Die Verantwortung, die zu tragen sie vorgegeben hatten, war doch die Begründung für ihre Supergehälter, und nun sollte man sie beim Wort nehmen und auf die Verantwortung bestehen. Aber statt dessen wird ihr Verlust verstaatlicht und das System aufgefordert, eine Untersuchung gegen sich selbst einzuleiten. Franz Kafka erscheint in einer solchen Welt wie ein Realist. Indes kam man nun einigen Forderungen der Öffentlichkeit entgegen, die Regierung ist weg, die Führung der Finanzaufsicht und der Zentralbank wurde ausgewechselt, doch das alte System ist noch immer quicklebendig. Die Korruption im Finanzwesen erstreckte sich in die Regierung von Geir Haarde, doch die isländische Allgemeinheit hockt auf einer riesigen Rechnung, viele Tausend Milliarden Kronen, und die Regierung geht davon aus, dass wir diese Rechnung bezahlen – wir, unsere Kinder, unsere Enkel und unsere Urenkel auch noch.

Ich will diese Litanei nicht ausdehnen, so gewaltig ist das Verbrechen, das begangen wurde, und dieses Verbrechen fand bei vollem Bewusstsein der Politiker statt, jener, die die Banken privatisierten, sie genaugenommen ihren politischen Busenfreunden überreichten, ja, in die Hände von Glücksrittern legten, die uns bis weit in die Zukunft zu Bürgen ihrer Schulden machen und zu Bittstellern vor dem Internationalen Währungsfond und anderen Geldinstituten. Wir sind abhängig von der internationalen Gemeinschaft, oder genauer gesagt, wir sind Geiseln auf der Polizeiwache des Weltkapitalismus, denn die Rechnung, die wir in seinem Restaurant hinterlassen haben, ist so hoch, dass niemand sie bezahlen kann.

Nach Robert Aliber, einem anerkannten Volkswirtschaftler aus Chicago, der uns gewarnt hatte, haben die isländische Regierung und die isländische Zentralbank von der modernen Ökonomie genausoviel Ahnung wie von Astronomie. Sie würden nicht verstehen, dass der Aufschwung der isländischen Wirtschaft in den Jahren 2005 und 2006 auf Schuldenanhäufung basierte, auf Pump – Kredite wurden aufgenommen, um andere Kredite damit zu begleichen, und nun wissen sie nicht, wie man das Gleichgewicht wiederherstellen soll, nachdem der Papierreichtum verschwunden ist. Und der Volkswirtschaftler fügte an: Es ist unwahrscheinlich, dass andere Manager, willkürlich aus dem Telefonbuch ausgewählt, ein ebenso umfangreiches wirtschaftliches Desaster anrichten könnten wie jene Regierung, die das Steuer in der Hand hielt. Diese These haben zwei isländische Volkswirtschaftler, Gylfi Zoëga und Jón Daníelsson, nun in einer ausführlichen Analyse des Zusammenbruchs bestätigt. Islands Schulden, umgerechnet auf jedes einzelne Landeskind, sind höher als die Reparationsverpflichtungen Deutschlands nach dem Ersten Weltkrieg. Sie sind ebenso hoch wie die Schulden des italienischen Staatshaushaltes, dabei hat Island rund 310 000 Einwohner, Italien dagegen knapp 60 Millionen. Nach internationalen Finanzmagazinen zu urteilen, befinden sich nur die USA in einer vergleichbaren Situation, so dass Robert Aliber wohl ähnliche Urteile über seine eigene Regierung fällen könnte, wie er sie für Island fand. Vielleicht ist das komplette Weltwirtschaftssystem gebrandmarkt. Der fiktive Reichtum zieht sich in Zeiten der Globalisierung rund um den Erdball. Die Krise wandert von einem Land zum anderen und taucht an den unterschiedlichsten Stellen auf.

Aber brauchen wir weitere Zeugen? Was sagt die Regierung, was sagen die Spekulanten? Die einen sagen nichts, und die anderen auch nicht. Niemand sagt etwas. Niemand von ihnen will Verantwortung übernehmen. Wenn Politiker zurücktreten, tun sie es unter einem Vorwand, und es gibt Beispiele dafür, dass Banker an ihren Posten selbst nach der Kündigung noch festhalten. Bankdirektor Sigurjón Árnason pries die ICESAVE-Konten als Geniestreich und übernimmt keine Verantwortung; sein Kollege Halldór Kristjánsson ebensowenig. ICESAVE-Konten wurden eingerichtet, nachdem kein nennenswertes Geldinstitut den isländischen Banken noch Kredite einräumen wollte. Ja, genau zu diesem Zeitpunkt wurden sie eingerichtet, mit dem isländischen Einwohnerverzeichnis als Bürgschaft. Die Bank Landsbankinn eröffnete Sparkonten in England und Holland mit Zinsen, die über den marktüblichen lagen, und unglaublich viele Sparer, Privatleute wie Betriebe und Institutionen, sind ihr auf den Leim gegangen – sogar ganze Kommunen. Die Parallele dazu sind Kaupthing Edge Konten in Deutschland. In der Abwicklung gibt es gewisse Differenzen, doch die grundlegenden Prinzipien funktionieren genauso. »Am Ende des Tages muss ich nichts anderes tun, als nachzusehen, wieviel Geld eingegangen ist«, brüstete sich der Bankchef Sigurjón Árnason lachend vor einem Journalisten des Handelsblattes *Viðskiptablaðið*. »Allein am Freitag kamen 50 Millionen Pfund herein!« Das muss ein lustiger Freitag gewesen sein, der uns nun an den Kopf geworfen wird – denn diese Summen dienten der Finanzierung verschuldeter Betriebe der Milliardäre. Man ist versucht, diese Happenings mit der Maßnahme des Teufels in *Der Meister und Margarita* von Michail Bulgakow zu vergleichen, als jener Geld über die Theatergäste regnen ließ, und es war doch nur blanke Augenwischerei, wertloser Papierkram.

Da erhebt sich die Frage, ob Bankdirektoren für ihre folgenschweren Entscheidungen keine Verantwortung tragen. Nein, sagen sie, und alle assistierenden Regierungsmitglieder nicken brav. Man darf nicht urteilen, soll keine Meinung haben. Obwohl niemand ruft: »Der Wolf, der Wolf kommt!«, scheinen sie die Warnung lange vor allen anderen zu hören. Wenn Otto Normalverbraucher dabei ertappt wird, eine Leberwurst oder einen Flachmann mitgehen zu lassen, ist er dafür verantwortlich – und so gesehen ist es völlig normal, dass jene, die der Nation den Stuhl vor die Tür gesetzt haben, nun für ihre Sache geradestehen, auch wenn ihre Verstöße genau betrachtet keinen Gesetzesübertritt darstellen und von der Regierung abgesegnet waren. Hier steht so viel auf dem Spiel; die Nation wurde durch Kapitalverschiebungen rund um die Welt missbraucht, doch eingestanden wird nichts.

Jene Wirtschaftsblase, der die Regierung keine Grenzen setzte, war so offensichtlich eine Dummheit, dass die Verantwortlichen nicht nur einmal oder zweimal, sondern immer wieder darauf hingewiesen wurden. Anstatt die Ratschläge jedoch ernst zu nehmen, reisten die Minister als Public-Relations-Vertreter der Banken ins Ausland. Dort hielten sie Pressekonferenzen ab, zeigten Power-Point-Folien und Kurven. Der eine Minister reiste in die USA, der andere nach Skandinavien. Glaubten Ministerpräsident Geir Haarde und Außenministerin Ingibjörg Sólrún Gísladóttir allen Ernstes, dass sich die Situation durch Pressekonferenzen bessern würde? Was für eine politische Weisheit ist das eigentlich? Aber sie tragen natürlich keine Verantwortung. Sie konnten die Entwicklung nicht vorhersehen, behaupten sie. Nein, sie hörten nicht auf die Warnungen, und in dieser offenkundigen Unfähigkeit liegt ihre Verantwortung.

Wie eine Art Religion ging die Meinung um, dass man einen Zustand in die eine oder andere Richtung umformulieren könne; unter diesem Stern stand auch die Berufung eines Schönredners als Regierungsberater, dem das Blaue am Himmel nicht heilig ist. Er gab seine Stellung jedoch auf, als er erkennen musste, dass sie mit Arbeit verbunden war. Wir fordern, dass außer Regierung und Bankdirektorien auch die Fachleute der Bankanalyseabteilungen zur Verantwortung gezogen werden, deren Job offenbar darin bestand, uns vollzulügen. Unglaublich, was diese Leute verdienten! Das steht in der jährlichen Sonderausgabe von *Frjáls verslun* (Freier Handel), wenn die Jahreseinkommen bekannt werden. Kaum einer bezog weniger als fünf Millionen Kronen monatlich. Das ist etwa das Jahreseinkommen eines Angestellten. Doch wofür? Um die Wahrheit zu verschleiern? Ebenso interessant ist die enge Verflechtung dieser Leute mit der Regierung. Und nun wollen sie sich selbst untersuchen? Es ist doch erstaunlich, dass eine Zeitschrift wie *Frjáls verslun* sich von heute auf morgen als spannender Dokumentarroman entpuppt. Bisher hat sie mehr oder weniger die immanente Neugier vieler Isländer befriedigt, eher im Sinne von unterhaltsamer Lektüre, manchmal auch mit neidischem Blick auf die Nachbarn. Doch jetzt zeigt das Blatt unumstößlich, wie tief die Kluft zwischen diversen Schichten der Gesellschaft in der Tat geworden ist. Nun fragt man sich, wofür Abteilungsleiter des Analysebereichs, der Firmenberatung und was weiß ich welcher Abteilungen sieben, acht, neun Millionen Monatsgehalt bezogen? Wenn ein Verleger seinen Lyrikern derartige Tantiemen zahlen würde, wäre er schnell pleite. Dennoch scheint mir, dass das Papier, auf dem die Gedichte zahlreicher Dichter stehen, um ein Vielfaches wertvoller ist als jene Papiere, die im Umlauf waren. Müssen die Banker nicht herangezogen werden, müssen sie sich nicht normale Gehälter anrechnen lassen und die Differenz zu den Supergehältern erstatten? Wenn nicht, wird es keinen Frieden in dieser Gesellschaft geben – doch aussprechen darf man das nicht. So steht es heute um Island. Noch vor kurzem erschienen die Verantwortlichen der Bankanalyse täglich im Fernsehen, um uns zu versichern, dass alles in bester Ordnung sei, die Immobilien mit jedem Tag wertvoller würden und die Zeit gekommen sei, um die reichlich vorhandenen Darlehen in Anspruch zu nehmen, nicht zuletzt, weil ausländische Kredite zu Vorzugszinsen zur Verfügung stünden. Das Ergebnis war eine bodenlose Verschuldung der Haushalte sowie eine zutiefst verzerrte Wertevorstellung der gesamten Gesellschaft. Natürlich trägt jeder Verantwortung für seine eigenen Entscheidungen; dem untergründigen und raffinierten System jedoch gebührt wegen seiner vorsätzlichen und bewussten Täuschungen die Hauptrolle.

Wenn die Bevölkerung Islands nun dem Beispiel der Regierung folgte, würde sie die Schulden, die jetzt über ihr zusammenschlagen, einpacken, in eine Mülltonne stecken und hinterher eine Pressekonferenz veranstalten. Was sollen Betroffene, die ihre Wohnungen, ihre Arbeit verlieren, eigentlich tun? Sich nach dem Beispiel der Regierung richten und mit der Presse sprechen? Erst an dieser Stelle offenbart sich, wie uferlos die Unfähigkeit der Regierung eigentlich war, und doch ist sie frei von Verantwortung. Obwohl sie das Land regierte. Wenn jemand sagen würde: »Ich habe das Haus in Schutt und Asche gelegt, aber ich bin nicht verantwortlich, weil ich nicht wusste, was ich tat«, würde eine solche Rechtfertigung kaum Anklang finden. Uns aber wird sie zugemutet.

Ministerpräsident Geir Haarde hätte wissen müssen, wie stark sein Boot leckte, doch er verkündete: Wir rudern einfach weiter und warten ab, was passiert. Am besten ist, möglichst nichts zu tun, gemäß der Philosophie der freien Marktwirtschaft. Nach dem Problem der Banken befragt, antwortete seine Koalitionspartnerin Ingibjörg Sólrún Gísladóttir: Es handelt sich um eine Definitionsfrage, und sie fügte an, dass die Banken ihrem Ermessen nach durchaus solide seien.

Sie interpretierte die Situation nicht als ernsthaftes Problem, sondern als reine Definitionsfrage, worauf sie mit Bankchef Sigurður Einarsson nach Kopenhagen reiste, mit jenem Megareichen, der sich eine gute Fahrstunde von Reykjavík entfernt in der Region Borgarfjörður eine 900-Quadratmeter-Lodge erbauen ließ. Geir Haarde und Ingibjörg Sólrún hatten sich vielleicht träumen lassen, mit ihm zusammen vor der Lodge auf der Terrasse zu sitzen, den Sonnenuntergang zu bewundern und zu wiederholen, dass es sich um eine reine Definitionsfrage handele. Und so wird es auch sein, wenn alle das Land verlassen haben werden; allen voran Sigurður Einarsson, das Finanzgenie, der wohl kaum die Bürde der Verantwortung spüren wird, weil er ja so begehrt ist in aller Welt. Nur wenige Wochen vor dem Kollaps der Banken bezog er 100 Millionen Kronen Gehaltszuschlag, möglicherweise als Anerkennung für ein Darlehen über 107 Milliarden Kronen an den britischen Kneipenbesitzer Tchenguiz; eine Summe, die unwesentlich niedriger ist als die in Devisen aufgenommenen Kredite aller isländischen Haushalte zusammen.

Als Außenministerin Ingibjörg Sólrún noch Sprecherin und Vorsitzende der Frauenliste Kvennalistinn war, erklärte sie das Ideal der umsichtigen Hausfrau zur wirtschaftspolitischen Maxime, im direkten Widerspruch zur Verschwendungspolitik der Männerwelt. Die umsichtige Hausfrau dreht jeden Groschen in der Hand um, macht etwas aus bescheidenen Mitteln und nutzt, was vorhanden ist. Nun allerdings müssen die Ministerin und weitere Damen, die damals dem grundsoliden Prinzip der Umsichtigkeit anhingen, sich die Frage nach dem Verbleib des Prinzips stellen lassen. Wurde es etwa über Bord geworfen? Nein, hier geht es nicht um Jugendliche, die in schlechte Gesellschaft geraten sind. Die Regierung, und mit ihr die umsichtigen Hausfrauen befanden sich in der Tasche verantwortungsloser Spekulanten, und dafür sind sie verantwortlich. Bei auftauchenden Problemen hält eine wahre umsichtige Hausfrau jedenfalls keine Pressekonferenz mit einem Bankchef, um zu erklären, dass es keinen Unterschied zwischen schwarz und weiß gibt.

Nein, man darf sie nicht beschuldigen. Sie sind nicht verantwortlich. Ministerpräsident Haarde erklärte die Krise zu einem garstigen Wind aus dem Ausland, wie das Unwetter der letzten Woche, und wenn der nicht geblasen hätte, dann wäre alles in bester Ordnung. Genaugenommen war nichts vorgefallen, solange das Gelabere weitergehen konnte. Die ganzen Exzesse, die Supergehälter, Gehaltszulagen, Abfindungsverträge, der endlose Handel mit wertlosen Papieren und die fortgesetzte Erniedrigung derer, die anständige Berufe ausüben. Die Sonderzahlung an Lárus Welding, die er allein dafür bekam, seine Stelle bei jener Glitnir-Bank anzutreten, die als erste in Insolvenz geriet, lag höher als das Lebenseinkommen der meisten Lohnabhängigen. Schriftsteller müssten wahrscheinlich zig Bestseller verfassen, um auch nur einen Schritt mit Lárus Welding mitzuhalten. Ob es sich hier um eine normale Werteskala handelt? Ist bekannt, wohin die ICESAVE-Gelder flossen? Sollte es wahr sein, dass sie dem Baugur-Konzern geliehen wurden, der nun Hunderte Milliarden Kronen schuldet, während die Eigentümer mit Yachten und Privatjets protzen, mit Luxuswohnungen, Lodges und Hotels? Scheinbar war es Usus unter den Finanzbaronen, sich gegenseitig Kredite mit Bürgschaften zuzuschustern, die durch nichts gesichert waren. Und das finden Regierungsvertreter einfach in Ordnung; sie wollen die Sache in Ruhe prüfen und möglichst nicht urteilen.

Das einzige Problem ist, dass es nicht einfach weitergeht wie gehabt. So sprach Geir Haarde. Exakt die gleiche Ansicht vertritt der Aufsichtsratsvorsitzende des Baugur-Imperiums, Jón Ásgeir Jóhannesson. Der Gute versicherte mit treuherzigem Mienenspiel, dass alles zum Erliegen kam, als keine Kredite mehr zur Verfügung standen, und schuld sei Zentralbankchef Davíð Oddsson. Ganz als ob Jón Ásgeir mit einer speziellen Variante der Psalmen Davids aufgewachsen wäre, benutzt er die gleichen Argumente wie ein Alkoholiker – betrunken am Steuer zu sitzen ist in Ordnung, so lange es keiner merkt, und wenn man trotzdem am Laternenpfahl landet, ist es dessen Schuld. Die letzte Bank, die mir den Kredit verweigerte, trägt Schuld an meinem Untergang. Und diesen Unfug sollen wir glauben? Kann schon sein, dass bei der Verstaatlichung der Banken, insbesondere Glitnirs, nicht alles glücklich gelaufen ist, aber wäre es ratsam gewesen, einer Bank kurz vor ihrer Insolvenz nochmals einen hohen Kreditrahmen einzuräumen? Wenn ich Jón Ásgeir viele Millionen schuldete – wäre er dann bereit, mir weitere Millionen zur Verfügung zu stellen? Die Verpflichtungen der Banken und Firmen waren einfach so hoch, dass nichts mehr ging.

Deswegen haben wir genug von all dem Gequatsche. Unter diesen Umständen genießt die Regierung kein Vertrauen mehr, es sei denn, sie krempelt die Ärmel hoch und greift dort zu, wo etwas zu holen ist. Ja, ganz richtig. Wir haben nicht vor, die Schulden der Finanzchaoten zu begleichen, auch wenn wir das Schnurren und die Verneinung der Regierungsvertreter vernehmen, die unsere Ohren mit langweiligen Ausreden strapazieren. Sie hoffen, den Sturm aussitzen zu können wie gewohnt. Wie der Spezialist Bjarni Ármannsson. Immer wieder rankten sich Skandalgeschichten um ihn, doch er saß sie alle geruhsam aus. Diesen Trick mag er der Regierung verraten haben. Bjarni Ármannsson war Bankchef von Glitnir und sah den Zusammenbruch kommen; er machte sich rechtzeitig mit einer fetten Summe aus dem Staub. Der konservative Abgeordnete Pétur Blöndal hatte Bjarni seinerzeit entdeckt; jener Pétur Blöndal, der in einer Talkshow den interessanten Satz fallenließ: »Ich gebe nichts zu.« Blöndal war auch der Architekt jener katastrophalen, mit Milliardenverlusten behafteten Privatisierung der Vereinten Sparkassenfonds, die sozialen und kulturellen Anliegen vorbehalten waren; er möchte gern Künstlerstipendien abschaffen. Dieser Mann verkennt die Rolle des Kunstschaffens im Karussell der Wirtschaft. Er weiß nicht, wie welche Werte entstehen. Weiß er beispielsweise, welche Summen durch den Literaturbetrieb in die Staatskasse fließen? Nicht nur durch Mehrwertsteuer auf Druckerzeugnissen, auch durch Arbeitsplätze in Druckereien, im Buchhandel und anderen Sparten. Zum Glück findet er nicht überall Gehör.

Eins jedoch hat die Regierung in die Tat umgesetzt: Sie hat eine polizeiliche Sondereinheit ins Leben gerufen, mit neuen Stellen, die vom Amt gegen Wirtschaftsvergehen abgezogen wurden. Während des Aufruhrs im Januar 2009, der sogenannten Topfdeckelrevolution, sollten gar Panzerwagen aus Dänemark nach Island gebracht werden, womöglich auch dänische Spezialeinheiten. Die Regierung scheint genau zu wissen, was und wen sie schützen muss. Dass uns unser Land jedoch entglitten ist, dass die 1944 begründete Demokratie an dieser Stelle endet, ist die andere Seite der Medaille; und alles nur, weil eine Handvoll Glücksritter völlig frei agieren konnte. Dieses Ende zu betrauern ist bitter, zumal ich der Republik Island und ihrer Gleichberechtigungs- und Wohlfahrtspolitik wohlgesinnt und stolz auf ihre Unabhängigkeit gewesen war und sie in Zukunft vermissen werde.

III Furcht und Elend der freien Marktwirtschaft

Wollt Ihr,

ich werde vom Fleisch ganz wild sein,

himmlisch wechselnd die Farbnuance,

wollt Ihr,

ich werde tadellos mild sein,

ein Wölkchen in Hosen, statt eines Manns!

Ich habe weiter oben Þórbergur Þórðarsson und sein Buch *Briefe an Lára* erwähnt. Als jener durch die schmutzigen Stra-ßen von Reykjavík ging, lange bevor er Lára Briefe schrieb, saß Wladimir Majakowski in einem Zug in Russland. Man schrieb das Jahr 1913, als eines meiner Lieblingsgedichte, »Wölkchen in Hosen«, entstand. Majakowski saß in seinem Abteil, groß und mächtig, äußerst auffallend, in gelbem Hemd und Holzpantoffeln. Wahrscheinlich wäre er siebzig Jahre später Punker geworden, doch da saß er, der Bohemien, der dem Futurismus anhing, dem russischen Futurismus. Ihm ge-genüber saß eine Frau. Sie betrachtete ihn mit Zweifeln in den Augen. Majakowski spürte ihre Furcht. Er wollte sie be-ruhigen und sagte: »Liebe Frau, Sie brauchen sich keine Sor-gen zu machen. Ich bin kein Mann. Ich bin ein Wölkchen in Hosen.«

Über die Reaktion der Frau ist nichts bekannt, doch Ma-jakowski erkannte im gleichen Moment, dass hier der Titel eines Lyrikbandes geboren worden war, denn es ist eine Kunst für sich, Titel für Lyrikbände zu finden. Es ist komplizierter als die Namensfindung für ein Kind, denn kein Lyrikband darf einen bereits vorhandenen Titel tragen. Daher war es sehr wichtig für Majakowski zu erfahren, ob die Frau gehört hatte, was er sagte. Er versuchte, das Gespräch auf seine vorherigen Worte zu lenken, und zu seiner großen Erleichterung erkannte er, dass die Frau ihnen keine Bedeutung beigemessen hatte. Wölkchen in Hosen. Einer der besten Titel, die je einem Lyrikband gegeben worden sind, war an ihr vorbeigeschossen wie die Felder jenseits des Zugfensters.

Auch ich befand mich in einem Zug, nicht in Russland, sondern in Schweden, auf der Strecke von Stockholm zu einem Ort namens Eskilstuna. Dort sollte ich aus meinen Werken lesen. Danach sollte die Fahrt zu einem Gebiet weitergehen, das Sörmland heißt. Im Zug las ich *Wölkchen in Hosen*. Das Buch trug noch immer seinen alten Namen, die Frau im Zug war längst verstorben, und Majakowski ebenfalls. Ich war sehr vertieft, doch als ich aufblickte, saß mir eine Zigeunerin gegenüber. Sie hatte kohlschwarzes Haar, eine südliche Erscheinung und eine Reihe von Taschen bei sich. Und einen zehnjährigen Jungen, ebenfalls mit kohlschwarzem Haar und großen, braunen Augen.

Weder die Frau noch der Junge zeigten Anzeichen von Angst. Wir nickten einfach und lächelten und hätten ohne das hindernde Sprachproblem wohl miteinander geplaudert. Ich schaute aus dem Fenster und betrachtete die Mitreisenden, als ich hörte, wie der Junge seine Mutter drängelte. Ich wusste weder, worum er bettelte, noch was seine Mutter antwortete. Nur dass das Gequengel des Jungen zunahm und die Widerstandskraft der Mutter ab. Als ich aufblickte, sagte sie etwas wie: »Na gut, wenn du meinst«, während das monotone Genörgel des Jungen wahrscheinlich: »Bitte, Mama! Ich bin so durstig!« bedeutet hatte. Jedenfalls knöpfte die Frau ihre Bluse auf, steckte die Hand hinein und holte eine Brust hervor. Der Junge reagierte schnell und begann an der Brust zu saugen. Er saugte heftig. Als sein Durst gestillt war, schob er die Brust wieder zurück, lehnte sich in seinem Sitz zurück und rülpste. Sodann zog er eine Zigarette hervor, zündete sie an und rauchte genüsslich.

Nein, ich bin nicht der, dem ein unsterbliches Wort von den Lippen gleitet, sondern ich schaue mich um, ob andere Schriftsteller Zeuge einer Szene geworden sind, und wenn das nicht der Fall ist, präge ich sie mir ein.

Manchmal ist die Welt richtig. Manchmal ist die Welt verkehrt. Man weiß nicht, was man glauben soll, und man weiß nicht, was man weiß. Nehmen wir zum Beispiel die um sich greifende Angst. Was kann Kindern heutzutage nicht alles zustoßen? Da gibt es Dealer, da gibt es Pädophile. Negative Ereignisse werden aus verständlichen Gründen in den Medien aufgebauscht. Die häufigsten Nachrichten über Ausländer schildern ihre Prügeleien. Solche Geschehnisse werden zu Verallgemeinerungen, nicht anders als nach dem 11. September, als alle Flugpassagiere zu möglichen Terroristen wurden, und plötzlich leben wir Isländer mit einem völlig veränderten Selbstbild. Das Selbstbild von Nationen hängt natürlich von Ereignissen ab, die sich in ihrem Land zutragen. Einer meiner Freunde hat eine kolumbianische Frau; er berichtete mir, wie die Haltung gegenüber seiner Frau nicht selten von Nachrichten aus ihrem Heimatland geprägt wird. Wenn fortgesetzt über Drogenproduktion und Entführungen berichtet wird, gerät die Frau unweigerlich ins Zwielicht. Ebenso finden wir Isländer es nicht mehr so lustig wie früher, in Flughäfen unseren Reisepass hervorzuziehen. Und mit einem Schlag, nachdem wir das Selbstbewusstsein und den Stolz verloren haben – oder genauer, nachdem uns diese genommen wurden –, entdecken wir unsere frühere Unbefangenheit. Was früher selbstverständlich war, ist es nicht mehr.

Doch zurück zu den Nachrichten. Die guten Nachrichten werden nie überbracht. Sieben Jungen trafen einen unglaublich lustigen Mann in der Stadt. Das ist keinen Bericht wert. Im Gegenteil – es ist wahrscheinlicher, dass den Jungen eingeimpft worden ist, den lustigen Mann zu meiden, denn er kann gar nicht unterhaltsam sein, ohne etwas Zweifelhaftes im Schilde zu führen. Mein Freund, der im Februar 2009 verstorbene amerikanische Schriftsteller Bill Holm, berichtete mir vor wenigen Jahren, wie eine alte Frau, die bei der Sicherheitskontrolle im Flughafen Minneapolis vor ihm in der Warteschlange war, ihr künstliches Bein abnehmen musste, damit es durchleuchtet werden konnte. Bill, erfüllt von gerechtem Zorn, fragte den Beamten: »Wo soll das eigentlich hinführen?«, und der Beamte erwiderte: »Ich befolge nur die Vorschriften.« Diese bestehen also darin, Menschen zu erniedrigen, und das im Namen der Angst. Ähnliche Geschichten hören wir von Asylsuchenden und Immigranten. Sie werden erniedrigt, man begegnet ihnen mit Misstrauen, sie müssen enttäuscht der Dinge harren, alles wegen dieser Vorschriften, wegen dieses einen, der möglicherweise verdächtig ist. Manchmal möchte man glauben, der Kalte Krieg sei noch nicht zu Ende. Die Angst vor dem Feind scheint in unserem kulturellen Umfeld eine Notwendigkeit zu sein. Sie infiltriert alles, und wir wissen genaugenommen gar nicht, ob sie real ist oder erfunden. Das ist der soziale Irrwitz.

Ein Professor der Politologie an der Universität Island, Hannes Hólmsteinn Gissurarson, einer der bedeutendsten

Ideologen der freien Marktwirtschaft und des Neoliberalismus in Island, schreibt in seinem Buch *Wie kann Island das reichste Land der Welt werden? (Hvernig getur Ísland orðið ríkasta land í heimi?)* im Jahr 2001: »Selbst Spekulanten nehmen im freien Arbeitsleben eine bedeutende Stellung ein. Ein Spekulant, der auf dem Finanzmarkt zwei Firmen kauft und sie vereint, weil er weiß, dass vereinte Unternehmen profitabler sind als andere, führt das Wirtschaftssystem in Wirklichkeit in Richtung vorteilhafterer Zusammensetzung des Kapitals. Ein Spekulant, der Isländische Kronen für Dollar kauft, weil er glaubt, dass der Dollar bald im Verhältnis zur Krone fallen könnte, erweist den Zentralbanken eine natürliche Stütze, unabhängig davon, ob er später recht behält oder nicht. Gemeinsam sichern die Kapitaleigner und die Unternehmer jene organische Entwicklung, jene Innovation, die kennzeichnend ist für eine aus sich selbst entstehende, internationale Ordnung des freien Handels.«

Ganz sicher könnte man ein ganzes Buch über Hannes Hólmsteinn und seine Ideen schreiben. Wie viele andere Verfechter der Marktwirtschaft ortet er die Ursache der Krise in amerikanischen Immobilienkrediten aus der Zeit der Clinton-Regierung, denn es darf ja im Gebilde des orthodoxen Konservativen kein Stäubchen auf die Bush-Ära fallen. Außerdem versucht er, das gegenwärtige isländische Problem zu personifizieren, indem er verlautbart, es sei den Kapitalisten zuzuschreiben und nicht dem Kapitalismus selbst, das Problem seien die Menschen und nicht das System. Für Hannes Hólmsteinn waren einzelne Kapitalisten schlecht und preschten zu weit vor, sie würdigten die Freiheit nicht, die ihnen zu Gebote stand. So wird die Krise zu einem Exempel für Charakterfehler und nicht zu einem inhärenten Hang des Systems; eigentlich zu einem Existenzproblem einzelner Kapitalisten. Man muss kein Vertreter der Marktwirtschaft sein, um in diesem Sinne zu denken, doch bei Hannes Hólmsteinn kommt etwas anderes hinzu. Als Ideologe hat der Mann die freie Marktwirtschaft untermauert, er saß im Aufsichtsrat der Isländischen Zentralbank und war die rechte Hand von Zentralbankchef Davíð Oddsson, welcher Hannes Hólmsteinn und seinen Lehrlingen in nahezu göttlicher Aura erschien; die Scholaren sind ihrerseits junge, häufig zum Verwechseln ähnliche Marktverfechter, und viele von ihnen haben es auf isländischer Regierungsebene zu etwas gebracht. Aber merkwürdig bleibt eins: Wenn man die Philosophie eines Hannes Hólmsteinn von den schlechten und den guten Kapitalisten ernst nimmt, läuft mitten unter uns ein Hollywoodfilm ab, in dem Davíð Oddsson in seiner damaligen Funktion als Zentralbankchef die Rolle des Helden spielt, der das Königreich retten soll, und in der Schlussszene blickt er der letzten Herausforderung ins Auge. Erst scheint der Held zu kapitulieren, aber nein, die Katharsis steht unmittelbar bevor, Davíð wird den Drachen besiegen und das Königreich ein weiteres Mal retten, in diesem Fall wird er die schlechten Kapitalisten im Genick packen und hinauswerfen, und gleichzeitig wird er die guten mit Amt und Würden belohnen; er wird den Finanzbaronen, die eigentlich nur Gassenjungen waren, das Handwerk legen und geachtete Bürger an ihre Stelle setzen, mit Ledersofas und Bücherregalen im Hintergrund. So würde sich die isländische Marktwirtschaft als Vision eines Films auf der Leinwand präsentieren, und hier könnten ganz im Geiste einer dekadenten Gesellschaft auch Wahrsagerinnen in Erscheinung treten, die all das im strahlenden Schein der Kristallkugel erkennen. Daraus kann geschlossen werden, dass die freie Marktwirtschaft im Grunde nicht mehr ist als ein klischeehafter Hollywoodstreifen, außer dass sie das Rezept zu schäbigem Verhalten birgt, wie wir es täglich aus der Presse erfahren. Natürlich befinden sich Leute wie Hannes Hólmsteinn jetzt auf der Flucht vor ihrer eigenen Philosophie, doch das dürfte an deren Inhalten nichts ändern; so wie ein Affe, der sich einen Hut aufsetzt, nach wie vor ein Affe ist, egal wie gut ihm der Hut stehen mag.

Die Überschrift dieses Kapitels zitiert das Drama *Furcht und Elend des Dritten Reiches* von Bertolt Brecht, das vom Leben normaler Bürger unter dem Hitlerregime handelt, als die Angst regierte. Einen Aspekt der Angst habe ich oben beschrieben, doch das Elend hat sich in uns eingenistet, und Armut taucht sowohl in Statistiken als auch in der Realität auf. Bisher war die Oberfläche glatt, der Wohlstand so schrecklich gut, doch in den Herzen gab es ganze Slums. Vor einigen Jahren erschien ein Buch mit dem Titel *Reicher Papa, armer Papa*, es war frei von der Leber der Gier weg geschrieben, und man hörte Episoden von Konferenzen, bei denen die Neoliberalen die Wonnen des Reichtums und die Lust, andere mit Füßen zu treten, aus jenem Buch zitierten. Mitgefühl, Zusammenhalt – das waren geradezu lächerliche Begriffe, doch Konkurrenz war natürlich förderlich. Alle käuten das wieder. Bankanalytiker sprachen, als ob sie Zeuge von Hexerei geworden wären, und der Markt wurde zum Abendgebet des Fernsehens, ebenso unverzichtbar wie der Wetterbericht. Niemand wagte zu fragen, was diese FTSE und Nasdaq denn seien, aus Angst, für beschränkt gehalten zu werden. Jungen Leuten wurde eingeredet, dass komplett eingerichtete Wohnungen auf sie warteten, würden sie die Fortschrittspartei wählen, und im ganzen Land waren Geschichten von Leuten im Umlauf, die in einer neuen Wohnung nichts anderes wichtiger fanden, als die Einbauschränke auszutauschen. Unter dem Vorzeichen einer linken Koalition forderte die Grundstückspolitik der Stadt Reykjavík den gesamten Notgroschen junger Leute, und niemand fing etwas an, ohne sich in Schulden zu stürzen und an Besitz in Luftblasen zu glauben. Anstatt es jungen Leuten zu ermöglichen, preiswerte Grundstücke zu erwerben und sich entsprechend ihrer Verhältnisse einzurichten, wurde alles dem Markt anvertraut, mit dem Ergebnis, dass erst die Grundstückspreise und dann auch die Baupreise explodierten. Diese Weisheit vom schnellen Reichtum wurde dem Volk sodann von gelehrten Volkswirtschaftlern eingetrichtert, die eine Eins im Rechnen, aber eine Sechs in Moral haben, mit tatkräftiger Unterstützung der Politiker, der Presse und der Finanzbarone, denn die Medien befanden sich im Besitz des Kapitals, bis auf den öffentlichen Rundfunk, der seinerseits von rechtsgerichteten Politikern kontrolliert wurde, die das Nachrichtenbüro zu ihrer schäbigen Filiale machten. Ja, wir kehren immer wieder zum Kaiser zurück, und ich kann nicht sagen, wie lange wir brauchen werden, um uns selbst zu verzeihen, wie sehr man uns doch zum Narren hatte halten können, und natürlich beschleicht mich schon wieder die Angst vor einer Wiederholung der Geschichte, vor unveränderten Verhältnissen, wenn ich in der Zeitung lese, dass Konzernchef Jón Ásgeir Jóhannesson mittels eines weiteren Harry-Potter-Tricks nun die privaten Presseorgane kaufen will, wobei sein Konzern Baugur bereits maßgeblichen Einfluss auf zahlreiche Medien hat. Parallel dazu verflüchtigen sich die Schulden prominenter Banker; und nach Ansicht des parlamentarischen Wirtschaftsausschusses ist der Besitz von Geldinstituten und Großkapitalisten nicht antastbar, es sei denn, man könne ihnen ein Vergehen nachweisen, das wahrscheinlich – wie sich letztlich herausstellen wird – im Grunde kein Vergehen war.

Einer meiner Freunde, in der Bucht Breiðafjörður geboren, bekam in seinem Geburtsjahr ein Lamm geschenkt, das seine Zukunft sichern sollte. Seine Großmutter kümmerte sich darum, dass der Gegenwert des Lamms nach der Schlachtzeit auf ein Sparbuch eingezahlt wurde. Jahr für Jahr kam ein neues Lamm dazu, und die Großmutter versicherte ihm, er könne sich eine Wohnung für das Geld kaufen, wenn er groß sei. »Natürlich habe ich meiner Oma geglaubt, denn Großmütter lügen nicht.« Die Jahre gingen ins Land. Und da geschah es, dass mein Freund nach Reykjavík ziehen wollte. Er hatte vor, sich ein Auto zu kaufen, und ging geradewegs zur Sparkasse, um sein Geld abzuheben. Doch die Enttäuschung war groß, als er erkennen musste, dass so gut wie nichts auf dem Sparkonto war. Alle Lämmer, die sich normalerweise hätten gut verzinsen sollen, waren gerade einmal soviel wert wie zwei Lammkeulen aus der Gefriertruhe des Ladens um die Ecke. Als mein Freund den Sparkassendirektor fragte, was aus seinen Lämmern geworden sei, antwortete dieser, der böse Inflationswolf hätte sie gefressen. Da beschuldigte mein Freund die Sparkasse des Schafdiebstahls, was ihm den Vorwurf der Pöbelei und einen Hinauswurf einbrachte.

Es fragt sich, ob diese Parabel charakteristisch für unser Wirtschaftssystem und die sogenannten Finanzmärkte ist. Das Geld der Sparer hat sich verflüchtigt, die Lämmer wurden weniger statt mehr. Währenddessen wurden wir in Makulatur vom gegenseitigen Kaufen und Verkaufen ertränkt, mit Begriffen, die ebenso prächtig klingen wie die Namen der dreizehn isländischen Weihnachtsmänner. Gleichzeitig tauchten Nachrichten von Senioren auf, die in winzigen Zimmern hockten, von Obdachlosen und von derart lächerlichen Löhnen, dass man seinen Ohren nicht trauen wollte. Mit anderen Worten, die Gruppe mit den niedrigsten Einkommen hatte keine Stimme. Die Gewerkschaften versagten, die Sozialdemokraten zuckten mit den Schultern und verabschiedeten im Parlament ihren eigenen großzügigen Rentenentwurf.

Von vielen Seiten werden Forderungen an die Sozialdemokraten gestellt. Ich habe sie sogar gewählt, beide linke Parteien, die Links-Grünen und die Sozialdemokratische Union. Kurz nach dem Zusammenbruch debattierten Vertreter dieser beiden Parteien über drei Themen: die EU, den Euro und Davíð Oddsson. Doch die Öffentlichkeit hatte andere und brennendere Fragen. Wir wollten wissen, ob die Nutzungsrechte an den Naturressourcen nun besteuert werden würden, ob die Großindustrie eine Energieabgabe zahlen sollte. Und was ist mit der Fischquote, kann sie nicht wieder verstaatlicht und gegen Entgelt verliehen werden, das in eine Art Volkskasse fließt? Wenn es möglich war, Notstandsgesetze zum Schutz der Banken zu erlassen und den Kontakt der Allgemeinheit mit ihren Guthaben abzubrechen, warum kann man dann keine Gesetze verabschieden, die sich mit dem Vermögen des Großkapitals befassen, insbesondere der Bezüge und Boni, die sie sich genehmigten? Diese jedoch sind tabu, während die Gläubiger der Banken bei der Allgemeinheit anklopfen. Und die Öffentlichkeit fragte nach Arbeitsplätzen, Darlehen, Schulden, Zinsen – doch die Sozialdemokraten äußerten sich erst, als es zu einem Aufstand in der Sozialdemokratischen Union kam und die Regierung platzte. Das geschah aber nicht vor Ende Januar.

Lange Zeit hatten die Sozialdemokraten anscheinend kein Interesse daran, den Dialog mit dem Volk aufzunehmen. Sie wollten bloß mit der Selbständigkeitspartei auf Regierungsebene herumhängen und abwarten, was passiert. Schließlich wurden Bürgerversammlungen organisiert. Eine autonome Bewegung entstand. Zur ersten Versammlung im Oktober 2008, die im ehemaligen Stadttheater stattfand, erschien ein stellvertretender Parlamentarier der Sozialdemokratischen Union. Auch Vertreter anderer Parteien, sogar der Selbständigkeitspartei, trauten sich ins Rampenlicht. Doch die Anwesenheit einiger Fortschrittsparteiler führte dazu, dass sie ihr Parteibuch zurückgaben, als sie erkennen mussten, wofür ihre Parlamentsfraktion eigentlich gestanden hatte. Obwohl in der Opposition, hat die Fortschrittspartei zwölf Jahre mit der Selbständigkeitspartei an der Privatisierungsparty teilgenommen und im Grunde die Rolle des korrumpierten Mittlers gespielt. So war es beklagenswert, wie die Wirtschaftsministerin der Fortschrittspartei, Valgerður Sverrisdóttir, auf einer Bürgerversammlung die Privatisierung der Banken rechtfertigte: »Es gab keine Korruption«, erklärte sie, und der Saal lachte schallend. Und dann geschah das Komische. Die Politiker verloren die Sprache. Ihre Sprache griff nicht mehr. Phrasen, mit denen sie emporgekommen waren, wurden lächerlich. Die Bürgerversammlungen fanden in elektrisierter Atmosphäre statt. Die Politiker kamen, sie hatten keine andere Wahl, und plötzlich wurde die Kluft zwischen ihnen und dem Volk unübersehbar. In einer Gesellschaft, die stets auf dem Prinzip der Gleichberechtigung bestanden hatte und auf Grund historischer Faktoren nicht, wie manch andere bürgerliche Gesellschaften, mit einem kulturellen Kastensystem kämpfen musste, war die Erkenntnis der Kluft natürlich ein

Schock. Über den historischen Hintergrund dieser Tatsache könnte man viele Bücher schreiben. Doch Kern der Sache bleibt, dass die Regierungsparteien den Kontakt zur Allgemeinheit völlig verloren hatten und nun spürten, wie die Erde unter ihren Füßen bebte. Als sie schließlich selber Fraktionssitzungen abhielten und sogar ausländische Gäste dazu einluden, erinnerten diese Versammlungen an Totenwachen; und das einzige, worauf die Parteien verweisen konnten, waren Meinungsumfragen. Die gaben jedoch nicht viel her, ebensowenig wie Sonnenschein in Säcken, um Licht ins fensterlose Haus zu bringen, und unterschieden sich nicht von dem Luftblasenwirtschaftsgebilde, das vor ihren Augen geplatzt war.

Bei einer Demonstration Mitte November hielt ich eine Ansprache: »Ich fordere die wahren Sozialdemokraten auf, ihre Partei zusammenzurufen und an die Parteispitze zu appellieren, mit einer realistischen Politik vor das Volk zu treten. Wir warten darauf, etwas von euch zu hören. Wir sind nicht nur gegen etwas. Wir sind auch für etwas. Alle wissen, dass eure Leier vom EU-Beitritt wie Warten auf Godot ist. Ob eine politische Richtung stimmig ist oder nicht, spielt in der jetzigen Situation überhaupt keine Rolle. Das ist Realitätsflucht. Was heute gebraucht wird, ist eine kluge Landwirtschaftspolitik, eine nachhaltige Lebensmittelproduktion und mehr Licht in den Treibhäusern. Wir sollten von Haiti lernen, das die Kornproduktion einstellte, als preiswertes Getreide importiert werden konnte, doch nun herrscht dort Hunger, weil das eingeführte Getreide längst nicht mehr so billig ist. Heute wird ständig auf niedrigen Lebensmittelpreisen in der EU herumgeritten, ohne zu beachten, wie diese zustande kommen: durch billige Arbeitskräfte, Vertragsbrüche gegenüber den Gewerkschaften, maßlose Giftstoffanwendung, und damit ist noch lange nicht alles aufgezählt. Außerdem wäre es interessant, diese Preislage im Zusammenhang mit dem Devisenkurs der Isländischen Krone zu untersuchen.

Des Pudels Kern ist der: Es muss jede Menge getan werden. Wir verlangen, dass die Regierenden aufhören, zu labern und über Nebenschauplätze zu feilschen und dass sie uns zur Abwechslung mal die Wahrheit sagen. Warum gab es drei unterschiedliche Erklärungen für die Erhöhung des Leitzinses? Wem sollen wir glauben? Der Markt soll frei sein, aber das Volk nicht. Das war das Gebot des Tages, das Gebot der freien Marktwirtschaft. Und das wollen wir ändern. Wir wollen den Markt binden und die Leute befreien. Tagtäglich werden Arbeitsplätze abgebaut, mit der großen Gefahr, dass Island sich in ein riesiges Brachland verwandelt und im wahrsten Sinne des Wortes zu einem Hundebuckel unterhalb des Grönlandgletschers wird.«

Nun möchte ich diejenigen bitten,
die in ihrer Unverfrorenheit
den Laugavegur hinuntergingen
irgendwann im November 1932,
so nett zu sein und umzukehren
und diese Straße hinaufzugehen.

Ich schrieb dieses Gedicht, oder vielmehr: diese Sätze kamen vor einigen Jahren zu mir, nach dem Fall der Berliner Mauer, als Journalisten sich mit großer Verve als Beichtväter abgedankter Sozialisten erboten. Letztere sollten nicht nur den Fall eines total veralteten Gesellschaftsmodells begrüßen, sondern auch den bodenlosen Irrtum des Kampfes um Rechte bestätigen, des Gewerkschaftskampfes. Sollten sie untertänigst um Verzeihung bitten, würde ihre Angelegenheit von der Polizeimacht des Neoliberalismus mit milderen Augen beurteilt. Darüber verfassten die wichtigsten Apostel rechter Politik lange Artikel und hatten ganz vergessen, dass einmal von Hexenjagd die Rede war, und dass man behutsam vorgehen solle und nicht urteilen, so wie es nun verlangt wird, wenn die Bruderschaft der Finanzbarone zusammenbricht. Und ich kann mich auch nicht daran erinnern, dass der Bischof damals gepredigt hätte, die Sozialisten gut zu behandeln; doch gleich nach dem Zusammenbruch wurden Pastoren und kirchliche Institutionen überaus zimperlich. Uns wurde aufgetragen, gut zueinander zu sein, obwohl wir in der Vergangenheit genau damit keine besonderen Probleme gehabt hatten.

Doch zurück zur Abrechnung der Marktwirtschaft mit dem Sozialismus: Die These lautete, dass die Gewerkschaften auf die eine oder andere Weise Rückhalt im Sozialismus gehabt hätten, nun, nachdem dieser zusammengebrochen war, müsse man die Angelegenheit von Grund auf neu aufrollen. Nach Ansicht der Apostel des Neoliberalismus war viel zuviel Sozialismus unter uns. Hannes Hólmsteinn glaubte, Schweden auslachen und Halldór Laxness in der Pfeife rauchen zu können. Später jedoch wurde er wegen Plagiats am Werk von Halldór Laxness vor Gericht gestellt, und in seinem Dokumentarfilm über die Geschichte Islands im 20. Jahrhundert endet der Kalte Krieg dann, »als klar war, dass die Sowjets die demokratische Entwicklung in Mitteleuropa nicht mit Waffengewalt stoppen konnten. Der Kalte Krieg endete mit dem Sieg des Westens, als 1989 die Berliner Mauer fiel.«

Dieses Weltbild des Neoliberalismus ging manch einem so nahe, dass sogar dem sonst so schlagfertigen Parteichef der Links-Grünen, Steingrímur J. Sigfússon, das Wort im Halse steckenblieb, als er im Wahlkampf 2007 gefragt wurde, ob er Sozialist sei. Diese Bezeichnung wurde mit so viel Negativem befrachtet, wobei sie im Grunde nichts anderes als Sozialdemokrat bedeutet, und hoffentlich wollen alle, die sich so nennen, auch Sozialdemokraten sein, auch Steingrímur J. Sigfússon. Die sogenannte freie Marktwirtschaft, die uns und unser Wohlfahrtssystem befiel, hatte daher nicht nur den Kalten Krieg gewonnen, sondern auch den Krieg um die Sprache. Sozialdemokraten übernahmen das Vokabular der Finanzmärkte, sprachen von größerer Freiheit, Steuererleichterung sowie Privatisierung staatlicher Firmen und Institutionen, wobei nicht zu vergessen ist, dass es sich dabei in erster Linie um Ziele der Rechten und der Selbständigkeitspartei handelte, die sie mit einigem Nachdruck und der Fortschrittspartei als Juniorpartner verfolgten. Unter dem Vorzeichen jener Politik wurden die isländischen Banken privatisiert, doch am Ende standen sie alle vor der Pleite, und der Internationale Währungsfond trat auf den Plan.

Ich bin nicht gegen Privatbetriebe – auf vielen Gebieten sind sie das einzig Richtige –, wenngleich bekannt ist, dass die USA nach der Privatisierungswelle der Reagan-Ära auf keinen grünen Zweig mehr kamen. Das Gesundheitswesen wurde geradezu demoliert, psychisch Kranke auf die Straße gesetzt und Therapieeinrichtungen geschlossen. Vergleichbares geschah in Großbritannien unter Margaret Thatcher. In Island strich man die zahnärztliche Vorsorge im Grundschulalter, und innerhalb weniger Jahre lies die Zahngesundheit der Schulkinder rapide nach. Die Gier verschonte nicht einmal die Zähne der Kinder. Es hätte den Neoliberalen näherliegen sollen, gesunde Gebisse als langfristige Investition zu betrachten, denn Konsumenten der Zukunft brauchen gute

Zähne. Die freie Marktwirtschaft ist zum großen Teil Unfug, eine verdrehte Vernunft.

Doch eines der schlimmsten Resultate jener Politik war der Mangel an Solidarität. Die Lohnabhängigen wurden vereinzelt und ihre solidarische Kraft gebrochen. Bei diesen Betrachtungen tauchen wunderliche Erinnerungen aus isländischen Fernsehnachrichten der neunziger Jahre auf. Da standen streikende Busfahrer mit Spraydosen in der Hand vor ihren Fahrzeugen, sprühten die Frontscheiben ein und ließen die Luft aus den Reifen. In den bläulich erhellten Stuben erschienen die Busfahrer als Rüpel, während die Sprecher der Arbeitgeber sich der Sympathie der Kameras erfreuten. Ich kann mich daran erinnern, dass Jugendliche in weiten Teilen des Landes glaubten, es handele sich um einen neuen Spielfilm. Vor ihren Augen spielte sich keine Realität ab – so lange nicht, bis die Vertreter der Arbeitgeber auf dem Bildschirm erschienen. Ich erinnere mich, dass in meinen jungen Jahren heftige Tarifauseinandersetzungen auf der Tagesordnung standen. Später entpuppten sich die Gewerkschaften als größte Ferienhausbesitzer Islands, mit Rentenfonds, die Bingo spielen und ein hoffnungsloses Fußballteam kaufen, weshalb junge Leute glauben, dass die Initialen des Gewerkschaftsbundes ASÍ für ein Reisebüro stehen. Ich will mich nicht zu Äußerungen über Tariffragen hinreißen lassen, doch das Ergebnis ist ein Nationalkonsens voller Ferienhäuser sowie Rentenfonds, die das Monopoly des Großkapitals finanzieren, während einzelne Grüppchen verlassen im Gegenwind kämpfen, wie die Busfahrer damals, oder sie kämpfen halt einfach nicht.

Meine oben zitierte Rede anlässlich einer Demonstration auf dem Platz Austurvöllur schloss ich Mitte November mit folgenden Worten: »Jetzt müssen die Gewerkschaften von sich hören lassen. Die Solidarität muss reanimiert werden. Bis es dahin kommt, muss ich mich auf die Worte meiner Großmutter verlassen: Man wird langweilig, wenn man nicht an etwas Spannendes glaubt. Nein, es geht nicht einfach nur um die Dunkelheit, den Pessimismus des Geistes, sondern auch um das Licht, den Optimismus des Willens. Deshalb setze ich auf die Solidarität, wo immer sie zu finden ist, und appelliere an jene, die während der Arbeiterunruhen im November 1932 heftig protestierten, bis es zu einer oft zitierten handgreiflichen Auseinandersetzung kam, wie ich es in meinem Roman *Fußspuren am Himmel* geschildert habe. Ihr, die ihr damals die Straße Laugavegur hinuntermarschiert seid, seid stolz!«

IV Land der Nordlichter

»Ich kam nach Comala...« So beginnt der Roman *Pedro Páramo* des Mexikaners Juan Rulfo, ein grundlegendes Buch. Ich selbst könnte eine Geschichte mit dem Anfang: »Ich kam nach Klakksvík ...« schreiben, abgesehen davon, dass Comala ein erdichtetes Dorf ist, Klakksvík indes nicht; und doch beginne ich in dem Moment zu dichten, sobald ich an Klakksvík und meine Zeit dort denke, so dass es eigentlich egal ist. Das Dorf Comala in Juan Rulfos Roman gilt als einer der Impulse für Macondo, das Dorf in Gabriel García Márquez' *Hundert Jahre Einsamkeit* und weitere seiner Geschichten.

Ich erlaube mir diesen Rückblick zur gleichen Zeit, wie die internationale Gemeinschaft beschloss, Island links liegenzulassen, alle Kredite und jede Unterstützung zu sperren, sollte es sich nicht den Bedingungen des Internationalen Währungsfonds beugen und Verhandlungen über jene, vom isländischen Geldadel aufgenommenen Kredite einleiten, die nun auf der isländischen Allgemeinheit lasten; und etwa zur gleichen Zeit, als alles dies im Schwange war, traten führende Persönlichkeiten der Färöer hervor, einer Inselgruppe von höchstens 50 000 Einwohnern, und boten uns Isländern – anscheinend unaufgefordert – ein Darlehen an.

Wenn ich an die Färöer denke, denke ich an Nordlichter. Deshalb beginne ich mit den Nordlichtern und lasse ihren Schein auf die Seiten dieses Kapitels strahlen; kaum etwas ist schöner als ein sternklarer Himmel mit schwebenden Nordlichtern, wenn es draußen kalt und windstill ist. Dann appelliert die Einsamkeit an die Welt und das Herz füllt sich mit poetischer Magie. Das ist das Yoga des Nordens, eine entspannte Verbindung mit dem Universum. Auch wenn Nordlichter oft den Himmel über Island zieren, will es mir vorkommen, als seien sie Eigentum der Färöer, und vielleicht begleichen wir das angebotene Darlehen mit Nordlichtern oder mit Nordlichtaktien – das würde gut zu uns passen, nach allem, was vorgefallen ist. Mir ist nicht bekannt, dass jemand die Nordlichter der Färöer hätte verkaufen wollen, wie es der isländische Dichter Einar Benediktsson vorhatte, der in London vor rund hundert Jahren Islands Aurora Borealis feilbot.

Ich nannte Juan Rulfo aus Mexiko und Gabriel García Márquez aus Kolumbien. Die Färöer besitzen einen ebenso großen Autor. Er heißt William Heinesen, geboren 1900, gestorben 1992. Als ich Heinesens Schilderungen der Stadt Torshavn las, spürte ich, wie die Straßen von Nordlichtern erhellt waren, wie Nordlichter von den Laternenmasten strömten. Heinesen machte ein wunderliches Universum aus Torshavn, so poetisch und klar, voller mystischer Einsamkeit, die zugleich einen Hauch von universellem Einklang in sich trägt. Ich selber wurde in einer Februarnacht Zeuge davon, als Jugendliche mich und meinen Landsmann und Kollegen Thor Vilhjálmsson wie Nationalhelden feierten, während Nordlichter über der Stadt schwebten und die Sterne uns verfolgten wie Augen aus einer anderen Welt.

Das war 1993. In den Zeitungen stand, dass wir beide bekannte Schriftsteller seien, die im Nordischen Haus lesen würden. Das färöische Wort für bekannt ist kenndur, und dieses Wort gibt es auch im Isländischen, nur wird es da für angetrunken, angeheitert verwendet. Für Isländer lautete die

Überschrift also: Zwei angeheiterte Schriftsteller lesen im Nordischen Haus. Die Landsleute in unserer Begleitung hatten ihre Freude daran. Das Gedicht »Herhvöt úr norðri«, dem die Überschrift des ersten Kapitels entliehen ist, entstand in einer jener Februarnächte. Ich verbrachte sie im Seemannsheim in Klakksvík.

Ich war allein in Klakksvík zurückgeblieben und bat um mein altes Zimmer im Seemannsheim. Dort hatte ich im Sommer 1977 gewohnt und im Gefrierhaus des Ortes gearbeitet, und im nachhinein betrachtet spielt Klakksvík für mich und meine Dichtung eine unglaublich große Rolle. Ich erkannte meine Heimat in neuem Licht, und ich erfasste die poetische Einsamkeit des Universums. Diverse Romanfiguren begannen in meinem Kopf Gestalt anzunehmen, auch wenn sie erst Jahre später auf Papier erscheinen sollten.

Im Sommer 1977 reiste ich mit meinem Freund und Namensvetter Einar Kárason, seines Zeichens ebenfalls Schriftsteller, auf die Färöer. Wir waren unbeschriebene Blätter Anfang Zwanzig und hatten die Köpfe voller Ideen. Es gab genug zu tun; alle Zimmer waren voller Saisonarbeiter: Isländer, Grönländer, Dänen, Schweden, Norweger, Italiener, Franzosen und Schotten. Ich kann mich nicht an einen einzigen Deutschen erinnern, es sei denn als Tourist, um Vögel zu beobachten. Diese multinationale Atmosphäre benutzte ich zum Teil in meiner Kurzgeschichte *Leitin að dýragarðinum* (Die Suche nach dem Zoo), und so heißt auch der Band, in dem sie erschienen ist.

Jene Kurzgeschichte erzählt von Dominique, einem jungen Franzosen, der wie Jesus Christus aussah. Er hatte beschlossen, nach Island zu fahren, und brach per Anhalter von seinem Haus in Bordeaux nach Aberdeen in Schottland auf, in der Hoffnung, von dort einen Trawler nach Island zu erreichen. Es war ihm entgangen, dass Großbritannien und Island in einen Krieg verwickelt waren, den Kabeljaukrieg, und daher wird er verprügelt, als er in Schottland nach Island fragt. Doch einige färöische Seemänner nehmen sich seiner an, und so kommt er nach Torshavn. Und da stellt sich die Frage, wie es Jesus Christus in einer Gesellschaft ergehen mag, die so innig an ihn glaubt wie die Färöer. Jesus weiß nicht, dass er Jesus ist, aber Dominique kann Wunder vollbringen, und daher gilt er in den Sekten des Ortes als Gottessohn, und er kommt auch genauso daher wie unser Jesus auf den Heiligenbildchen. Dominique wohnt in der Jugendherberge von Torshavn, und als er einkaufen geht, lehnt die Kassiererin sein Geld ab. Andere Franzosen halten sich zufällig ebenfalls in der Stadt auf, völlig blank nach einer Islandreise zum Höhepunkt der dortigen Inflation; sie stürzen in den Laden und erwarten die gleiche Behandlung, die Dominique zuteil geworden war. Als ihr Anliegen jedoch auf Ablehnung stößt, bitten sie die Kassiererin um eine Erklärung, und die lautete: »Jesus Christus braucht auf den Färöern nicht zu bezahlen.«

Diese Episode ist natürlich nur Ausgangspunkt zur Geschichte mit dem Titel »Die Suche nach dem Zoo« und nicht die Geschichte selbst, sie spiegelt aber dennoch jenes brodelnde Magma wider, das uns 1977 auf den Färöern begegnete. Knapp sechzehn Jahre später, im Februar 1993, bin ich erneut zu Gast, doch nun herrscht Grabesstille im Seemannsheim. Nur ein Fenster ist erleuchtet. Dahinter sitzt ein Rentner, der auf seine Überführung zu einer Herzoperation nach Torshavn wartet. Um mein altes Zimmer rechts am Ende des Ganges wiederzubekommen, muss ich siebzehn Fahrräder zur Seite schieben, von ausgewanderten Familien zurückgelassen.

Drinnen ist das Wasser aus dem Hahn lange Zeit rostbraun wie Red Label Whisky. 1977 lag Geschäftigkeit in der Luft, nun herrschte die Krise. Die Tatenlosigkeit hing wie eine Wolke über dem Ort. Die Atmosphäre war schwer. Am Abend war ich eingeladen, doch das Gedicht kam in der Nacht.

Du, der du mit einer Insel im Herzen,
den Weiten des Universums
und Pflastern unter den Fußsohlen lebst:

Reich mir die Nordlichter!
Ich will mit dem Jugendlichen tanzen,
der die Sterne umfasst.

Wir ziehen dem Dunkel die Haut ab
und köpfen das Elend.

Als ich im Februar 1993 nach Klakksvík kam, bestaunte ich Häuser, die sich wie Elfenhügel gruppiert hatten. Ein kompletter Berghang war mit nagelneuen Häusern verziert. Es war, als ob es Gold über dem Ort geregnet hätte, und der Missionar, der das Seemannsheim betrieb, war von seinem Sohn abgelöst worden. Der Alte war noch immer da, konnte sich aber nicht an mich erinnern, als ich ihm sagte, dass ich sechzehn Jahre zuvor schon einmal dort gewohnt hätte. Das bedeutet nur, sagte er, dass ich mich gut betragen hätte. Darüber dachte ich eine Weile nach. Wahrscheinlich hatte er recht. Während damals im Seemannsheim Hochbetrieb war und es genug zu tun gab, wurde Höflichkeit nicht großgeschrieben. Jeder durchschnittliche Punker erschien unter all den Pfundskerlen, die hin und wieder auftauchten, um sich zu vergnügen, und meist nur kurz verweilten, wie ein biederer Konfirmand.

Wenn es welche gab, die nicht gut zurechtkamen, dann waren es die Grönländer – und nicht jene Ausländer aus weiter Ferne, wie Franzosen oder Italiener, schon gar nicht Isländer oder Dänen. Die Grönländer waren allesamt feine Burschen, einige jedoch waren sprachlich isoliert. Sie kamen von Riesentrawlern und waren sechs Monate am Stück auf See. Diese Trawler hießen Salzfischtrawler, weil der Fang an Bord verarbeitet und eingesalzen wurde. Wir Landratten löschten die Fracht. Zwischen den Fangtouren hatte die Besatzung zwei oder drei Wochen Landgang. Einer der Grönländer bekam ein Zimmer im Seemannsheim. Nach der Tour hatte er viel Geld in der Tasche, ging zum Radiogeschäft in der Hauptstraße und kaufte sich einen Kassettenrekorder.

Es war der Sommer, als Elvis Presley starb, so dass der grönländische Seemann sich ein paar Elvis-Kassetten zulegte. Nun erschallten große Konzerte. Wir saßen in der Abendstille vor dem Haus und lauschten dem König des Rock; die Nachricht von seinem Tod hatte einige Tage zuvor im Laderaum des Schiffes widergehallt. Während »Love me tender« durch die Abendstille schwebte, waren auf einmal dröhnende Schläge zu hören. Der Missionar, der das Seemannsheim betrieb, hämmerte unter wüsten Verwünschungen an die Tür des Grönländers, der sein letztes Stündchen nahen sah. Der Missionar indes wollte den Seemann nur bitten, die Lautstärke zu reduzieren, doch das Theater, das er dabei veranstaltete, verängstigte den Grönländer dermaßen, dass zuerst der Kassettenrekorder aus dem Fenster flog und er selber hinterher. Dann rannte er den Berghang hinauf, wo die ganzen neuen und feinen Häuser noch nicht standen, die nun – 1993 – eins nach dem anderen aus Mangel an Arbeitsplätzen oder Insolvenz ihrer Bewohner verlassen wurden.

Ja, und jetzt lagen die Boote vertäut am Kai, und die Hälfte der Bevölkerung war arbeitslos. Die größte Hoffnung lag in der Entdeckung von Öl auf dem Meeresboden, doch kamen Befürchtungen auf, wonach Großbritannien mit Sicherheit Anspruch darauf erheben würde, basierend auf irgendwelchen dubiosen Grenzen auf dem Meeresboden, über die ich mich nicht auslassen will.

In Klakksvík lebt ein Bootsbauer, der mir das Problem darlegt, und ich antworte ihm: »Dann erklärt ihr England einfach den Krieg.«

»Nein, wir sind keine Isländer«, sagt er und lächelt verlegen und verweist darauf, dass Isländer oft in der Position Davids gegenüber Goliath gewesen seien, eine kleine Nation, die sich als Großmacht betrachtete. Dadurch wirkte Island hin und wieder ein wenig blasiert gegenüber seiner Umwelt, doch es befreite das Land auch von diversen Minderwertigkeitskomplexen. Sagte nicht Oscar Wilde, es sei ein Glück für die nordischen Wikinger gewesen, Amerika lange vor Kolumbus entdeckt und dann wieder vergessen zu haben? Andere haben behauptet, manch eine Nation könne sich selig preisen, dass es nur so wenige Isländer auf der Welt gibt. Nun haben wir erlebt, wie isländische Pleitiers durch die Länder reisten und weite Teile der Welt durcheinanderbrachten. Was nichts daran ändert, dass wir im 20. Jahrhundert wegen der Fischgründe zweimal Krieg mit Großbritannien führten und beide Male gewannen.

Eine Episode berichtet, der britische Außenminister habe in einem jener Kabeljaukriege seinen Berater gebeten, ihm einen in Island geschätzten Roman zu verschaffen. Er wollte

die Gedankenwelt seines Gegners kennenlernen, wahrscheinlich um zu erfahren, wem er da gegenüberstand und zu welchem Gegenschlag er greifen sollte. Der Berater machte sich
ans Werk und grub *Sein eigener Herr* von Halldór Laxness aus,
eines der bekanntesten literarischen Werke Islands, das auf
zahlreichen Listen mit den besten Büchern der Welt auf-
taucht. Nun begann der britische Minister zu lesen, und nach
Beendigung des Buches soll er gesagt haben: »Diesen Krieg
werden wir nie gewinnen.« Und so kam es auch. Der isländische Bjartur in Sumarhus, jener Querkopf, der stets seinen
eigenen Weg geht, besiegte die Flotte Ihrer Majestät.

Nun sind aber die Einwohner der Färöer und die Isländer im Keim gleich. Der isländische Schriftsteller Thor Vilhjálmsson wurde danach gefragt und bestätigte es; der Unterschied, so sagte er, liege bestenfalls in der Furcht der Färöer
vor dem Teufel, was merkwürdig sei, weil jener vornehmlich
die Isländer begleite; und er verwies auf die isländische Legende von Sæmundur dem Gelehrten, der sich vom Teufel in
Gestalt einer Robbe über das Meer tragen ließ, ihm dann aber
mit der Bibel eins auf den Kopf gab, als jener Sæmundurs
Seele als Lohn verlangte. Doch nun scheint der Teufel unsere
Seelen an sich gerissen zu haben und mit den Privatjets der
Expansionswikinger unterwegs zu sein, und die haben völlig
vergessen, den Satan mit der Bibel auf den Kopf zu schlagen;
wohl weil sie von den Lobreden des Präsidenten stärker be-
eindruckt sind als von der Heiligen Schrift. Manche Leute
behaupten gar, dass sie den Spiegel Mammons übernommen
haben und sich selbst als Gott der Allmächtige erschienen.

Wie gesagt, im Februar 1993 standen die Färöer im Zei-
chen der Krise. Man sprach von Staatsbankrott. Alle Räder
hatten sich in rasendem Tempo gedreht, nun stand alles still.

Einer der Berge wurde wegen der zahlreichen Tunnels, die man hindurchgebohrt hatte, Blockflöte genannt. Je nachdem, woher der Wind pfiff, tönte es dort wie eine Flöte – manchmal Querflöte, meist jedoch Blockflöte. In einer kleinen Ortschaft nahe bei Torshavn war ein halb fertiggestellter Hafen zu sehen, absolut überflüssig, doch das Regierungsmitglied dieser Kommune hatte den Einwohnern einen Hafen versprochen, und natürlich wurde das Wort in die Tat umgesetzt. Die Banken kassierten ein unverkäufliches Haus nach dem anderen, so dass sie nur Schulden anhäuften. Manche Schuldner traten mit ihrem Hausschlüssel in die Kreditinstitute und überreichten ihn dem Kassierer, sprangen danach ins nächste Flugzug und riefen: »Weiter, weiter!«, wie einstmals Baudelaire. Doch während der Krise wird getanzt, es gibt Ringtanz, Gesang und Fröhlichkeit. Die Menschen jammern nicht immer, auch wenn es in der Presse so aussehen mag. Draußen herrscht die Krise, doch drinnen geht das Leben weiter. Da wird gefeiert. Da wird erzählt und gelacht. Dies ist keine bedrückte Nation. Das ist kein bankrottes Säulendiagramm, keine kritische Kurve. Höchstwahrscheinlich sind die Volkswirtschaftler nicht am Schreibtisch.

Eines der schönsten Gedichte von Rói Patursson ist das Gedicht vom Regen, vom kleinen Mädchen, das sagt, es regne auf der ganzen Welt. Rói und ich sind uns mehrmals bei Lesungen begegnet. Sein Lyrikband *Líkasum* oder *So wie das* enthält viele hervorragende Gedichte. So wie das Gedicht vom Regen, dem Regen, der auf der ganzen Welt fällt. *Líkasum* erschien 1985, und ein Jahr später erhielt Rói dafür den Literaturpreis des Nordischen Rates. Seitdem hat er kein Buch mehr herausgegeben und sogar behauptet, er habe aufgehört zu schreiben.

In seinen jungen Jahren fuhr Rói viel zur See, und einen Sommer verdingte er sich an der isländischen Präsidentenresidenz, als Ásgeir Ásgeirsson das höchste Staatsamt innehatte. Heute kommt es uns so vor, als hätten wir keinen Präsidenten und keine Demokratie. Der Präsident hat die Demokratie erniedrigt, denn er hat sich vergessen und wurde zum Knecht der Milliardäre, und wir sind verletzt, wir sind wütend, und deshalb erwähne ich es: Es gab einmal Demokratie.

Von Klakksvík komme ich wieder zurück nach Torshavn. Ich rufe Rói Patursson von einem Café in der Innenstadt aus an. Wir verabreden uns in seiner Wohnung bei der Volkshochschule, einem stattlichen Gebäude mit angeschlossenem Internat. Rói zeigt mir die Räumlichkeiten, in denen Kunsthandwerk, Videofilm und Multimedia vermittelt werden, alles ausgesprochen modern, und der freie Geist der Volkshochschulen schwebt über den Wassern. Im Gemeinschaftssaal der Schüler hängt an einer dicken Säule mitten im Saal handgeschrieben die Nationalhymne der Färöer, eine Schülerarbeit. In der rechten Ecke sehe ich ein Foto. Es zeigt drei junge Männer, die sich offenbar auf einem Flughafen befinden.

»Wer ist das?« frage ich Rói.

»Das sind Vertreter des Internationalen Währungsfonds«, antwortet Rói.

Ich betrachte sie genauer. Es sind gewichtige Männer.

»Der in der Mitte ist Isländer«, sagt Rói.

Er trägt Sonnenbrille und Hut. Die beiden anderen sind Japaner und bedeutend kleiner.

Ich blicke in Richtung Fenster.

Es regnet vor dem Fenster.

Es regnet in Torshavn.

Es regnet auf der ganzen Welt.

V Kapitalismus unter dem Gletscher

Wir machten mit und zeigten unsere Häuser.
Der Besuch dachte: ihr wohnt schön.
Der Slum aber ist in euch.

So dichtete der schwedische Lyriker Tomas Tranströmer und
man könnte sagen, dass an dieser Stelle die Wahrheit der Ly-
rik zutage tritt, jener Kern im Leben, für den es keine Worte
gibt. Niemand weiß, was ein Gedicht zum Inhaber jener
Wahrheit macht, die man nicht mit Worten oder anderen
Mitteln ausdrücken kann. Keine Philosophie, keine Religion,
keine Logik, schon gar nicht die Politik können jene Wahrheit benennen, die das Gedicht am Schopf packt. Da spielt
Magie hinein, die Magie der Sprache. Deren Zauber basiert
auf den Gedanken, ein Gedicht entsteht jedoch, wenn Gedanken und Gefühle verschmelzen.

»In Gedichten findet sich kaum eine Nachricht. Dessenungeachtet sterben viele auf trostlose Weise am Mangel dessen, der dort zu finden ist«, schrieb ein anderer Dichter,
nämlich William Carlos Williams, der zugleich Arzt war
und haargenau wusste, wovon er sprach. Wie wenige Menschen sich dem Gedicht zuwenden, sagt mehr über die Gegenwart als über das Gedicht. In Meinungsumfragen genießt
es keine große Anhängerschaft, und in der Gesellschaft der
Oberflächlichkeit war es lange arbeitslos. Doch damit ist die
Geschichte noch nicht zu Ende, denn das Gedicht erwacht
unter den wunderlichsten Umständen und findet zur Sprache

zurück. Nicht viel anders als Demonstrationen. Das Gedicht ist der Kampf gegen die Leere und die Suche nach dem Inhalt des Lebens. Der kürzlich verflossene Aufschwung, das Zeitalter des Neoliberalismus, war wie Leben ohne Poesie, ein inhaltsloser Wettlauf mit der Leere. So lautet sein Epitaph.

So könnte ich den Faden noch lange weiterspinnen, doch was ist mit den Slums? Tragen wir sie in uns? Wie misst man eine derartige Handelsbilanz? Wie hoch ist die Inflation des Schmerzes? Wo wird der Börsenkurs der Freude registriert? Oder sollten wir besser fragen: Was wurde in all dem Reichtum aus der Fürsorge? Führte uns das Wirtschaftssystem des freien Marktes, das nun zu Ende geht, weg von Mitleid und Solidarität? Wie lag der große Kuchen, von dem der oberste Apostel des freien Marktes, Hannes Hólmsteinn, so gerne sprach, im Magen, und wer soll nach den Verdauungsbeschwerden, die er uns beschert hat, aufputzen? Bürger anderer Nationen kamen und taten die Arbeit. Wie stehen wir zu ihnen? Wie haben wir sie empfangen? Hat nicht jemand gesagt: Das sind nur ein paar Ausländer? Die gehen schon wieder, wenn die Arbeit getan ist? Haben wir das wirklich nie gehört? Wie wurden Asylsuchende behandelt, unsere schwächsten Mitmenschen? Wie wäre es, wenn der Bischof den Angestellten der Ausländerbehörde ans Herz legen würde, in die Unterkünfte der Asylsuchenden zu gehen und diese zu umarmen? Würde der Präsident sie zum Essen in seine Residenz Bessastaðir einladen, wie Martha Stewart und die Geldaristokratie?

In seinem Buch *Weltlicht* schreibt Halldór Laxness: »Freund, sagte der Zweite vornehme Herr und umarmte den Dichter. Die Bank ist geschlossen. Die Engländer haben die Bank geschlossen. Na, so etwas, sagte der Dichter. Und wie kommt es, dass die Engländer die Bank geschlossen haben, sagte der Zweite vornehme Herr. Das kommt daher, dass kein Geld mehr in der Bank ist. Juel hat die Bank ausgeplündert. Juel hat das ganze Geld verjubelt, das die Engländer in ihrer Herzensgüte dieser unglücklichen Nation geliehen haben. Juel hat das ganze Geld der Engländer auf dem offenen Meer versenkt. Deshalb wurde die Bank geschlossen.«

Wenn die Fürsorge im Reichtum so bescheiden war, wie wird sie dann sein, wenn wir in die Armut gleiten? Jetzt, nachdem Júel die Banken geleert hat? Der Aufschwung kam nicht bei allen an. Nicht bei den Rentnern, nicht bei den Obdachlosen. Die Niedriglöhne waren absurd, während mittlere Löhne gerade ausreichten, die Familie zu ernähren, wobei an Flachbildschirmen geknapst wurde und weder Wohnwagen noch Lachsangeln angesagt war. Es ist völlig klar, dass niemand mit einem Niedrigsteinkommen jenes Geld verprasst hat, das von den ICESAVE-Konten nach Island strömte. Ich will mich hier nicht unschuldig stellen, aber ich hatte von diesen Konten nichts gehört, ehe ich unter die Terrorgesetze Großbritanniens fiel. Um aber von Solidarität zu sprechen: Es wurde durchaus in den Raum gestellt, die Discountladenkette Bónus sei die beste Gehaltsaufbesserung und ihr Besitzer Jóhannes Jónsson eine Art Robin Hood. Dann hörte man hinter vorgehaltener Hand von zweifelhafter Geschäftspraxis, und andere wollten die Gewerkschaften abschaffen, weil Bónus sich schon darum kümmern würde; und wie es scheint, ist es auch so gekommen. Jedenfalls sitzen wir nun mit einer angeschlagenen Gewerkschaftsbewegung da, die aus völliger Verantwortungslosigkeit nicht den Arbeitskampf, sondern die Finanzwelt als ihr Forum betrachtete und mit den Rentenfonds spielte. Und nicht nur das: Wir sitzen auch mit den Bónus-Schulden da und allen anderen Júcls, die das Land ruiniert haben und doch nur darauf warten, aufs neue zuzuschlagen. Was würde geschehen, wenn eine ganzseitige Zeitungsanzeige zum Boykott von Bónus aufriefe, in Erinnerung an eine ganzseitige Propagandaanzeige des Imperiums anlässlich des Wahlkampfes 2007?

Handel und Wandel scheinen ihre Interessen durchzusetzen, und man muss sich fragen, welchen Zugriff diese Leute auf die Parteien haben. Dem Geldadel ist es restlos egal, ob seine Anwesenheit erwünscht ist oder nicht. Er drängt sich durch die Tür und sahnt ab. Danach werden die Schulden auf uns abgewälzt, unsere Kinder und Enkel. Es heißt, dass allein der Baugur-Konzern 1000 Milliarden Kronen Schulden hat, und dazu kommen die ICESAVE-Konten von Landsbankinn. Es heißt, die Schulden seien durch Eigentum gedeckt. Welches Eigentum?

Noch einmal kommt Halldór Laxness ins Spiel, diesmal mit einer Schilderung aus *Der große Weber von Kaschmir*: »Am Ende einer schlechten Fangsaison kann man immer sicher sein, dass ein großer, eleganter Mann mit Goldzähnen sich durch die Hintertüren in die Banken schleicht. Das ist Örnólf Ellidason. Mit ausgesucht höflichen Worten deutet er an, dass es vielleicht sinnvoller sei, wenn die Banken ihre Tresore zugunsten seiner Firma leeren, als dass der Staat bankrott gehe. Mit allem Respekt vor der Allgemeinheit schlägt er vor, dass man ihm erlauben solle, in die Taschen eines jeden Menschen im Land zu greifen und ein Drittel vom Wert jeder Krone zu stehlen, damit Ylfing auch weiterhin spekulieren könne.«

Könnte man die ICESAVE-Konten mit einem Plagiat vergleichen? Sagen wir, ein isländischer Schriftsteller bedient sich am Werk eines englischen, holländischen oder deutschen Kollegen. Das Buch des Isländers würde populär und er würde steinreich, zwar nicht in gleichem Maß wie die Expansionswikinger, doch in einem angemessenen Verhältnis. Wenn nun die Sache auffliegen würde, käme es zu einem Verfahren, und der Schriftsteller müsste Rechenschaft ablegen – nicht seine Nation. Dies sollte auch für die ICESAVE- und Kaupthing-Konten gelten. Die Verantwortung hat bei Landsbankinn und Kaupthing und deren Direktoren zu liegen. Ganz offensichtlich werden die Milliardäre keine Verantwortung tragen, weil sie davon ausgehen, dass das nicht ihre Sache ist. Der Begriff Verantwortung hat für sie rein juristische Bedeutung. Sie sagen in einem fort: Ich habe nichts Ungesetzliches getan. In ihrer Begriffswelt hat das Wort Verantwortung keine soziale oder sittliche Dimension. So ist die Welt des Geldes. Die Gier, die ihr folgt, führt zu Geisteskrankheit. Es heißt, dass solche Leute keiner Lüge Glauben schenken. Es liegt mir fern, den Geldadel zu analysieren, und doch würde es zu seinen Entschuldigungen für den Bankenkollaps und das herrschende Moralmanko passen. Es ist naheliegend, dass Volkswirtschaftler vor einer Analyse warnen, die den Zusammenbruch unter dem Blickwinkel menschlicher Schwäche untersucht. Die Gesetzmäßigkeiten der Wirtschaft sind der Kern, das äußere Erscheinungsbild sind die Schattenseiten der Gier. Hat sich die Epoche der freien Marktwirtschaft um irgendwelche Regeln geschert? Wenn wir dies unter dem Vorzeichen der *Hávamál* betrachten, der Edda-Dichtung, die man als sittliche Botschaft des isländischen Kulturerbes bezeichnen könnte, dann stellt sich die Frage, ob es möglich gewesen wäre, die Menschen zu zähmen, die vom Geld zu Affen gemacht wurden? Dafür zu sorgen wäre den Regierenden zugekommen, doch wie es scheint, wurden sie von den Affen gezähmt. Wie konnte das geschehen?

In seinem Essay »Nimmt die Rücksichtnahme kein Ende?« schreibt Þorvaldur Gylfason in der Herbstausgabe von *Skírnir* 2008: »In Bankenkreisen, aber auch von anderen Stellen wurde vielfach vor der Gefahr gewarnt, die Banken in die Hände Unerfahrener zu legen, doch die Warnungen verhallten.« Ja, welchen Einfluss hat der Geldadel auf die Regierungsparteien? Im gleichen Essay schreibt Þorvaldur: »Die Lawine der Ereignisse wurde vor einem Vierteljahrhundert mit der Einführung des Quotensystems der Fischerei losgetreten, als auf Regierungsebene beschlossen wurde, den Reedern unentgeltlichen Zugang zur gemeinsamen Ressource der Nation zu verschaffen. Diese ungerechte Entscheidung, für die alle Parlamentsparteien gemeinsam und ebenbürtig Verantwortung tragen, beschnitt das sittliche Bewusstsein in Regierungskreisen derart, dass es nicht lange dauern konnte, bis andere und sogar noch folgenschwereren Entscheidungen getroffen wurden. Weshalb sollten Leute, die bedenkenlos mit der kostenlosen Übergabe der Fangquoten in wenige, auserwählte Hände eine neue Schicht des Reichtums ins Leben riefen, damit zögern, bei der Privatisierung der Banken und anderer Staatsbetriebe ähnlich vorzugehen? Und so kam es, wie es kam.«

Erneut müssen wir uns fragen, ob wir dieser Regierung und diesem Regierungssystem zutrauen können, uns aus der Misere zu führen, in die sie uns gebracht haben. Nein, das können wir nicht. Bereits jetzt geben alle Reaktionen der Regierung zu erkennen, dass die gesamte Gesellschaft ein weiteres Mal ihren alten Herren überreicht werden soll. Wie kommt es dazu, dass hochverschuldete Geschäftsleute eine

Firma nach der anderen erwerben können? Das Verhalten der Geldaristokratie könnte man mit einem Schuldner vergleichen, der tief in der Kreide steht. Er teilt seinem Gläubiger mit: Ich kann nicht zahlen. Meine Brieftasche ist leer. Und doch stecken die Taschen voller Geld. Die Haie strömen in die Banken, und die Allgemeinheit wird im Grunde verlacht. An dieser Stelle greift auch wieder die oben angeführte Diagnose. Diese Leute leben einfach in einem anderen System als das normale Volk, auf einer ganz anderen Ebene.

Ja, die Volkswirtschaftler lassen dieser Tage viele Bonmots fallen. Der Neoliberalismus ist noch immer aktiv. Vor kurzem verlautbarte ein Vertreter dieser Zunft im öffentlichen Rundfunk, wie er es als Hoffnungsschimmer werte, dass die finanzstarken Multimillionäre in Kürze ihr Kapital nach Island transferieren und den Besitz der Allgemeinheit für geringe Beträge aufkaufen würden. Nachdem diese pleite ist, wohlgemerkt. Genau darauf wartet das Kapital und will im Schutz der Regierung agieren. So ist es anderswo geschehen, während anderer Finanzkrisen. Das sind die Bedingungen, die geschaffen werden. Es ist Ziel der freien Marktwirtschaft, den Reichtum der Reichen zu vermehren. Die Krise ist ihr Werk. Dies sind die Greueltaten, die der Geldadel im Schutz der Regierung verübt. Ein amerikanischer Finanzier formulierte es so, dass der beste Augenblick, Besitz aufzukaufen, erreicht sei, wenn sich alles im Aufruhr befindet und Blut durch die Straßen strömt. Der Anfang ist schon gemacht. Eben noch verschuldete Unternehmen fließen unbelastet in die Hände ihrer früheren Besitzer zurück. Das geht wie geschmiert. Man kann 1000 Milliarden schulden und dennoch verschuldete Firmen übernehmen, so einfach wie Wasser trinken. Damit alles beim alten bleibt, wird an der Konstruktion eines solches

Systems gearbeitet. Deshalb sitzen auch die gleichen Leute in den gleichen Positionen. Wir aber, jedes einzelne Landeskind, sitzen mit zehn Millionen, vielleicht sogar zwanzig Millionen Kronen in der Suppe. Über die Höhe des Betrages sind sich die Quellen, wie in allem anderen, nicht einig. Und diese Schulden addieren sich zu den vorhandenen Immobiliendarlehen der Haushalte, dem Diebstahl durch die Entwertung der Krone, zu den privaten Bankrotts und der Arbeitslosigkeit. Nichts soll sich verändern, außer dass wir für die Schulden schuften sollen, die über uns ausgegossen wurden. Diese Methode wird von der Regierung Rettungsmaßnahme genannt, doch wer soll gerettet werden? Noch einmal frage ich und warte auf Antwort: Welchen Einfluss hat der Geldadel auf die Regierungsmitglieder?

Es ist angebracht, diese Erwägungen mit einem dritten Zitat von Halldór Laxness zu beenden, diesmal aus *Am Gletscher*: »Gefragt ist: ›Was ist ein Schnellgefrierhaus?‹ Die Antwort lautet: ›Schnellgefrierhäuser sind isländische Unternehmen. Irgendwelche Gauner errichten sie mit Zuschüssen vom Staat; dann bekommen sie Zuschüsse vom Staat, um sie zu betreiben; danach lassen sie den Staat alle Schulden bezahlen, und zuletzt machen sie Bankrott und überlassen dem Staat die Konkursmasse. Sollte es der Zufall wollen, dass irgendwann einmal eine Öre in die Kasse kommt, dann reisen diese Zyniker ins Ausland, um sich zu amüsieren.‹«

Nun will ich die Geschichte von den Färöern, dem Land der Nordlichter, aus dem vorangegangenen Kapitel beenden. Einen Tag nach dem Besuch bei Rói Patursson besuchte ich Sigurd Joensen, jenen kraftvollen Mann, den ich zwei Jahre zuvor bei einer Literaturtagung in Schweden getroffen hatte, in Biskops Arnö, das einmal Bischofssitz Skandinaviens gewesen war. Von Arnö bezog Island im Lauf der Jahrhunderte einige Sendungen, beispielsweise Bischof Jón Gerreksson, dessen exzessiver Lebensstil und Durchtriebenheit die isländischen Bauern bewegten, ihn in einen Sack zu stecken, oben zuzubinden und den Bischof wie eine Katze zu ertränken. Eine Anekdote berichtet, wie Jón Gerreksson in einer Kirche Zuflucht suchte, doch die Bauern reihten sich um den Holzbau auf und wuchteten ihn vom Fundament. In Biskops Arnö begegnete ich also Sigurd Joensen zum ersten Mal. Nun lebt er nicht mehr. Er wurde sehr alt. Sigurd Joensen war Schriftsteller und verfasste vornehmlich Kinderbücher und Kurzgeschichten, wirkte jedoch in erster Linie als Rechtsanwalt. Seine Stimme war so tragend und stark, dass er als junger Mann beauftragt wurde, vom Ufer aus Schiffe durch die Brandung in den Hafen zu lotsen. Es lag auf der Hand, dass ein derartig stimmgewaltiger Mann ein guter Anwalt sein würde. In Kopenhagen studierte er Jura. Dort lernte er Isländer kennen und sprach besseres Isländisch, als die meisten von uns es heutzutage tun.

Sigurd lebte allein in einem riesigen Haus und war in den Achtzigern, als ich ihn besuchte. Seine Frau war verstorben und die Kinder ausgeflogen. In Island hat er Enkel und Urenkel. Als ich zu ihm komme, erschallen Stimmen von oben. Reporter der BBC. In der Krise auf den Färöern nehmen die Inselbewohner Satellitenkontakt auf und können rund um die Uhr ausländische Fernsehsendungen anstarren. Sigurd dreht die Reporter mit geeigneten Worten herunter, holt zwei Rotweingläser hervor und füllt sie mit Calvados. Prost. Hier bin ich willkommen. Zu jener Zeit sage ich stets danke, wenn Alkohol angeboten wird, aber heute nicht mehr; nun benutze ich das Wort, um dankend abzulehnen. Auf dem Wohnzimmertisch liegen zahlreiche handbeschriebene Blätter und allerhand Nachschlagewerke und Bücher. »Weißt du, was das ist?« fragte Sigurd gut vernehmlich und weist auf die Blätter, und noch bevor ich den Kopf schütteln kann, antwortet er selbst: »Das ist die *Islandglocke* auf färöisch.«

Seine Tätigkeit der letzten Jahre bestand darin, das Buch zu übersetzen. In Sigurds Augen ist die *Islandglocke* von Halldór Laxness nicht nur ein bedeutendes literarisches Werk, sondern auch eine Kampfschrift. Für ihn stehen die Färöer der Gegenwart auf der gleichen Stufe wie die Isländer zur Kolonialzeit; und heute sind wir Isländer wieder in der Epoche der *Islandglocke* angelangt, wenn man für den Diebstahl einer Angelschnur bestraft wird, die Großen jedoch entkommen, die Unabhängigkeit in die Hände von Aasgeiern gefallen ist und *Home Sweet Home* sich zu einem Paradox entwickelt.

Sigurd Joensen war ein einzigartiger Mann, und ich erwähne ihn nicht nur, weil er die *Islandglocke* übersetzte, sondern weil er als Anwalt auch die Verteidigung der Rebellen von Klakksvík übernommen hatte; als wir uns in Schweden begegneten, war jener Volksaufstand in aller Munde.

Der Aufstand von Klakksvík wird sowohl »Klakksvíkschlacht« als auch »Ärztekrieg« genannt und wurde 1955 zwischen den Einwohnern der Ortschaft und der dänischen Militärmacht ausgetragen. Als ich jenen Sommer in Klakksvík arbeitete, entwickelte ich ein enormes Interesse an diesem Krieg, der sogar von dänischer Seite als Schwanengesang ihrer Weltmachtpolitik bezeichnet wurde. Doch je stärker mein Interesse, um so schweigsamer meine Gesprächspartner. Als ob die Ereignisse mit einem Tabu behaftet wären. Die Einheimischen zogen sich verlegen zurück. Sie wollten nicht darüber sprechen. Ihnen eine Geschichte abzuringen war das Werk eines Sisyphos, und wenn doch jemand etwas fallenließ, dann durfte man sich nicht darauf berufen. Nicht, weil man am historischen Interesse eines Zugereisten etwas auszusetzen gehabt hätte. Nein, die Reaktionen erinnerten mich an die Schilderung des Bananenstreiks in *Hundert Jahre Einsamkeit*, den alle vergaßen, als er vorüber war, und ihn sogar leugneten. Der Ärztekrieg in Klakksvík nahm daher in meinem Kopf historische Dimensionen an. Beinahe hätte ich mir meine eigene Version dieses Krieges aus mündlicher Überlieferung und Gerüchten zusammengeschustert, und wie es in so einem Fall geschehen kann, wird die Dichtung auf die eine oder andere Weise realer als die Ereignisse selbst.

Es war so, dass der Dänische Ärzteverband Dr. Halvorsen absetzen wollte. Einerseits wurde er als zauberkundiger Quacksalber betrachtet, andererseits soll er mit den Nazis auf gutem Fuß gestanden haben. Für den letztgenannten Vorwurf wurde eine Geldbuße verhängt, doch Halvorsen lehnte sie ab, weil er erstens nichts dabei fand, als Jugendlicher Nazi gewesen zu sein, und zweitens sehr schnell aus der Partei ausgetreten war, weil er einfach nichts von den Nazis hielt. Sein Name befand sich in einer Kartei, und daran war nicht zu rütteln. Da griff der dänische Fachverband ein, gedachte, Halvorsen seines Amtes zu entheben und einen neuen Arzt einzusetzen. Damit wollten sich die Bewohner von Klakksvík nicht abfinden. Auf den achtzehn färöischen Inseln kursierten Wundergeschichten von Halvorsen. Es war die Sprache von Gelähmten, die nach einem Blick in Halvorsens Augen hätten Handstand machen können, und man glaubte vielerorts an eine Art göttliche Macht, die von ihm ausströme. In dieser Situation fiel der Beschluss, den neuen Arzt mit Polizei- und Militärgewalt im Amt zu installieren. Da griffen die Bürger von Klakksvík zu den Waffen und trotzten Hunderten von Polizisten mit Schäferhunden und Gummiknüppeln.

Es war ein ungleicher Kampf. Die Klakksvíker waren mit Flinten, Spaten, Pickeln und Steinen bewaffnet. Kleine Jungs bastelten Gummiflitschen oder schossen mit Flitzebögen. Telefonmasten wurden gefällt. Klakksvík befand sich im Ausnahmezustand. Der Nachfolger von Dr. Halvorsen hieß Einar Lund, und sein Sohn Niels Lund verfasste eine feine Dokumentation der Ereignisse aus seiner Sicht. Es war nämlich so, dass in der Kriegsberichterstattung der Welt anscheinend eine Art Sauregurkenzeit ausgebrochen war, vielleicht war man die aktuellen Kriege leid. Daher stellte sich die Weltpresse in Klakksvík ein und machte Fotos von Jungen, die ihre Gummiflitschen auf Militärschiffe anlegten, oder Seemännern, die der Weltmacht mit Schaufeln und Brecheisen entgegentraten, so dass die Klakksvíker – wenngleich sie den Kampf um ihren Doktor verloren – in den Augen der Welt als Sieger hervorgingen; dies wurde bestätigt, indem die Rebellen leichte Urteile erhielten und die Bevölkerung es vorzog, die Angelegenheit zu vergessen. So ungefähr hat es sich zugetragen, doch die Auseinandersetzungen um den Arzt bildeten nur die Oberfläche. Darunter brodelte die Forderung nach Selbständigkeit. All das führte Sigurd Joensen mir vor Augen und engagierte sich dafür, das Geschehen in einen Roman zu fassen, am besten gleich mehrere Romane; diese erschienen auch in den letzten Jahren und wurden in gelehrten Schriften abgehandelt.

VI Die Internationale Devisenhoheit

Wann trifft ein Fußballer die Mitte des Balls? Immer oder nie? Wie dem auch sei, die Mitte des Balles ist auch da, wo er nicht hinkickt, und infolgedessen überall. Oder sie ist dort, wo er jeweils hintritt. Das verstehen alle – Fußballinteressierte wie andere. Mit dem Erdball ist es genauso. Er hat die Form einer Kugel oder eines Balls und dreht sich um das, worum er sich dreht, um die Sonne und seine eigenen Angelegenheiten. Deshalb gibt es keine Mitte im Erdball. So zu denken war nicht absurd, solange die Erde noch flach war. Und vielleicht ist die Erde in gewissem Sinne immer noch flach, beispielsweise im wirtschaftlichen und sozialen Verständnis, denn wenn sie eine Kugel ist, mit der Form eines Balles, dann gibt es keine Mitte, oder genauer gesagt, die Mitte befindet sich ganz einfach unter den Fußsohlen jedes einzelnen Erdenbürgers. Alle befinden sich in der Mitte. Deswegen erlaube ich mir zu sagen: Redet nicht von großen Nationen oder kleinen, von Hinterwäldlern, Erdteilen und Randzonen. Die Mitte ruht unter deinen Sohlen, bewegt sich mit dir und folgt dir, wohin immer du gehst.

Wenn man dieser natürlichen Erdkunde folgen würde, lebten wir in einer besseren Welt, und es gäbe keine mächtigen oder ohnmächtigen Staaten. Kein Afrika, kein Amerika, kein Europa, keine auf Machtverhältnissen basierende Kontinente. Es gäbe natürlich lokale Besonderheiten, doch alle Nationen wären vereint. Kein Mensch wäre illegal. Erst dann könnte man von Vereinten Nationen sprechen, nicht als Institution, sondern als Realität. Es gäbe keinen Sicherheitsrat, keinen Internationalen Währungsfond, keine NATO. Keinen George W. Bush, keinen Gordon Brown, keinen Geir Haarde – nicht weil wir uns vor Regierungschefs mit dem Initial G hüten müssten, sondern weil wir schlicht und einfach keine Regierungschefs bräuchten. Keine G 20. Ich erlaube diesem Satz den Fortbestand, lieber Leser, wenngleich einige dieser Gs vielleicht von der Machtbühne verschwunden sein werden, wenn du ihn liest. Du könntest einwenden, dass ich ein Phantast bin, aber ich stehe damit nicht allein. *You may say I'm a dreamer, but I am not the only one.* Und wenn wir schon John Lennon zitieren: Der Vatikan verzieh ihm neulich einen seiner lapidaren Sätze, jenen mit Jesus und der Popularität der Beatles. Es ist wunderlich, wenn jemand Sätze fallenlässt und alles auf dem Kopf steht. Wie die junge Frau, die zu Anfang der Topfdeckelrevolution eine Rede auf dem Platz Austurvöllur hielt und sich die Ablehnung ihrer Kommilitonen einhandelte. Und doch sagte sie nichts als die Wahrheit; dass wir die Regierung aus ihrem Amt befördern würden, sollte sie nicht freiwillig gehen. Und so geschah es auch: Am Ende verließ die Regierung das Kabinettsgebäude, weil sie andernfalls hinausbefördert worden wäre. Doch Worte sind teuer. Worte sind gefährlich. Selbst Anspielungen können einen Umsturz bewirken.

Deswegen durfte Geir Haarde uns, die wir protestierten, ruhig Pöbel nennen, und wahrscheinlich meinte er es tief drinnen nicht ernst. Ich glaube nicht, dass Geir sein Volk verachtet. Er ist kein Bösewicht. Er ist bloß eines jener verschlafenen Oberhäupter, die erst erwachen, wenn es zu spät ist; und dann fällt ihm nichts mehr ein und er steht ratlos im Labyrinth seines eigenen Weltbildes. Er raffte sich nicht einmal auf, Gordon Brown anzurufen, als dieser Terrorgesetze gegen Island anwendete. »Maybe I should have«, sagte Geir Haarde lange danach gegenüber einem BBC-Reporter. Dies illustriert ganz einfach jene Unfähigkeit, die wir eins ums andere Mal an unseren Regierenden beobachten können. Möglicherweise wird dem Wort Pöbel das gleiche Schicksal beschieden sein wie dem Wort wahnsinnig, das auf einmal ohne den Beigeschmack der Vorurteile zu einem positiven Adjektiv wurde, insbesondere unter Jugendlichen. Manche Dinge wurden *wahnsinnig toll*, andere *irre cool*. Ja, wenn der Pöbel nun zu träumen begänne – nicht nur diverse Träume in vielen Betten, nicht nur im Schlaf, sondern auch mit offenen Augen wie Arthur Rimbaud, nur völlig nüchtern und bei Tageslicht. An dieser Stelle möchte ich Gabriel García Márquez zitieren: *Wenn ein Dichter ein Bild von der Realität aufnimmt, entwickelt der Film Träume.* Sollte das vernünftig sein? Es erinnert an die Parole der Pariser Anarchisten 1968: »Seien wir realistisch, versuchen wir das Unmögliche.« Ja, eines schönen Tages wachsen uns vielleicht Flügel am Gehirn und wir hören auf, eure Realität ernst zu nehmen. Die Vernunft wird zu Träumen, die Träume werden zu Zielen, und die Ziele werden vernünftig. Was würde die Regierung tun, wenn die Leute ihre Darlehensabrechnungen einfach ins Kabinettgebäude weiterleiten würden? Das Haus würde sich mit Umschlägen füllen.

Doch zurück zum Pöbel in der negativen Bedeutung. Ist jenes Pack nicht schlimmer, das den Rentnern die Ersparnisse und jungen Leuten die Wohnungen raubt und uns für Jahrzehnte den Gläubigern ausliefert? War der Zorn der Studentin nicht in erster Linie symbolisch, ein Traum vom Sturz der Regierung? Musste diese wirklich gestürzt werden? Erkannte sie ihre Chancenlosigkeit und Unglaubwürdigkeit nicht? Sie war zum Gespött der Weltöffentlichkeit und zum Trauerspiel für Island geworden, zusammengesetzt aus trägen und unfähigen Pfründnern, ohne jegliche Vision.

Unsere Mitteilung an die Regierung war schlicht: Ihr könnt uns die Wohnungen und die Arbeit nehmen und sogar die Polizei auf uns hetzen, aber ihr könnt uns nicht unsere Träume nehmen, die Ziele oder den Kampf. Wir wollen unabhängige Bürger in einem unabhängigen Land sein. Ihr müsst einfach zuhören. Sonst entvölkert sich das Land. Viele bereiten sich auf die Auswanderung vor, andere sind schon weg. Früher sagten die Aufständischen: Wir können die Revolution nicht exportieren, aber wir können niemandem verbieten, einem gutem Beispiel zu folgen. Wenn wir aufhören, dem Geld hinterherzurennen, dann hören wir auf, hinter Waffen herzulaufen, und die Gewalt versiegt. Nein, es gibt keinen Grund, in Länder einzudringen und ihre Naturschätze zu beschlagnahmen, doch das einzige, was dieser Geselle von der EU, Olli Rehn, in uns sieht, sind unsere Ressourcen. Nein, er sprach nicht von Islands Beitrag zum europäischen Kulturerbe. Er sagte nur, dass wir in der EU willkommen wären, weil hier so viel zu holen ist. Ja, das war Olli Rehn, Kommissar für die Erweiterung der EU. Was hätte der brave Soldat Schwejk zu so einem Titel gesagt? Nein, hier war jedenfalls kein Phantast unterwegs. Dies ist kein Mann, dem später einmal Worte verziehen werden, die er hatte fallenlassen. Er ließ nichts fallen. Er war die verkörperte Realität. Nein, er hat uns nicht ins Kino eingeladen, um einen Chaplinfilm anzusehen, wo der Vagabund mit seinem Mädchen dem Sonnenuntergang entgegengeht. Es wurde auch nie erwähnt, dass er *Sein eigener Herr* von Halldór Laxness gelesen hätte. Was er wollte, war die Energie, die Wasserfälle und das Frischwasser, und alles das wollte er Gordon Brown aushändigen und ähnlich illustren Gestalten, das heißt, den mächtigen Nationen der EU. Nur vor diesem Hintergrund sind wir willkommen in der internationalen Gemeinschaft, zur Party, dem anhaltenden Gelage, das uns ebenfalls in die Tiefe reißen wird, nur über einen längeren Zeitraum. Auch die EU ist pleite. Die Taschen von Gordon Brown sind leer. Was wir brauchen, ist eine andere europäische Gemeinschaft, die Solidarität der Menschen. *Power to the people.*

Nein, Olli Rehn bot überhaupt nichts an, keine Sonderverträge, nicht wegen der geringen Bevölkerungszahl Islands, seiner Kleinheit, des einseitigen Erwerbslebens oder aus anderen Gründen. In Island hat man es lange als Bedingung eines möglichen EU-Beitritts angesehen, Ausnahmeregelungen von der Fischereipolitik der EU geltend machen zu können. Doch jetzt, wo die Verhandlungsbasis so ist, wie sie ist, da ist nichts im Angebot, nichts dergleichen steht auf dem Programm. Nur die Politik der EU. Direkt in die Vene. Zu wissen, dass nun eine große Regierungsanhängerschaft die Forderung nach einem EU-Beitritt wie ein Gebet oder ein Mantra herunterleiert, muss für so einen Kerl nett sein. Und dies sage ich nur, weil die Inhalte eines Beitrittsantrags noch nicht diskutiert wurden, weil keine gesellschaftliche Debatte stattgefunden hat, keine vernünftige Diskussion, und ich sage es unabhängig davon, wie eine solche Debatte ausgehen würde. Man kann viele Gründe finden, der EU beizutreten, und viele dagegen. Diejenigen, die sich früher gegen die EU stellten, zum Beispiel die skandinavischen Sozialisten, verfechten ihre Interessen nun innerhalb der EU. Leider wurde die EU-Debatte in Island dazu benutzt, der Diskussion anderer Fragen aus dem Weg zu gehen. Das ist nicht einmal der EU gegenüber fair. Ich glaube, dass die EU in der Tat vielen isländischen Politikern sehr gelegen käme. Sie wollen hier zu Hause keine Verantwortung übernehmen. Mit einem Beitritt verlagert sich die Verantwortung ins Ausland. Damit fallen Entscheidungen über wichtige Fragen so weit entfernt, dass niemanden interessiert, was abläuft. Dann sind zahlenmäßig viel mehr Leute schuld, selbst irgendwelche beliebigen Bürokraten, von denen niemand genau weiß, ob sie überhaupt existieren. Dies ist die Traumsituation isländischer Politiker, und so benehmen sie sich bereits heute. An den Schreibtischen draußen in der Welt werden Entscheidungen über Fragen der Regionalentwicklung und der Tierzucht getroffen, über Energiequellen und Wasservorräte, und wenn wir protestieren, werden sie nur ihre Papiere zücken und sagen: Das sind Gesetze. Wir haben natürlich zahlreiche dieser Verordnungen bereits über uns heraufbeschworen – durch das Quotensystem der Fischerei, die Politik der Großindustrie und die Politiker selbst. Der EWR-Vertrag, dem Island zustimmte, enthält fast alle Regeln der EU. Selbstverständlich werden irgendwelche vernünftigen Verordnungen kommen, und die Cliquenwirtschaft mag enden. Den Nichten und Neffen der Politiker dürften Arbeitsstellen nicht mehr so einfach in den Schoß fallen wie in der isländischen Vetternwirtschaft, wo Parteibuch und verwandtschaftliche Beziehungen einem Diplom gleichkommen. Umgekehrt kenne ich Fälle von Leuten, die in Island überall vor verschlossenen Türen standen, bei der EU jedoch mit ihrer Angelegenheit durchaus auf Gehör stießen. Ich würde gerne sehen, dass die EU-Debatte von der Gesellschaft getragen und von aufrechten Menschen geführt wird – nicht nur mit *Ja* und *Amen* oder *Keinesfalls*, sondern als Frage nach Inhalten. Bis jetzt geben Meinungsumfragen in Island keine

Auskunft über die Bereitschaft, der EU beizutreten. Man könnte genausogut die Preislage auf dem Mond erkunden oder die Existenz Gottes. Es liegt jedoch in der Verantwortung der Parteien, sich dem Inhalt dieser Frage zuzuwenden; die Diskussion darüber kann durchaus stattfinden, während hier in Island aufgeräumt wird, doch sollte das Ausmisten Vorrang haben, denn das, was wir durch unsere Mitgliedschaft vermitteln könnten, müssen wir zuvor selbst erreicht haben. Wir, die wir die Gesellschaft verändern wollen, können hundert Frauen und hundert Männer mit ebenso vielen Lösungsvorschlägen hervorzaubern. Das können wir sowohl innerhalb als auch außerhalb der EU.

Es ist ein wenig merkwürdig – wenn man Zweifel an der EU verbalisiert, rutscht alles aus dem Gleis. Dann erheben sich die Orthodoxen und reihen sich in Schützengräben auf. Es erinnert ein wenig an den Vatikan. Vielleicht wird uns Zweiflern später mal verziehen werden, wie John Lennon. Zweifler werden der Isolationspolitik und des Nationalismus beschuldigt. Es heißt, dass sie sich von Sauerampfer und Isländischem Moos ernähren, in Katen leben und Ausländer meiden. Zweifelsohne finden sich irgendwo solche Leute, und bestimmt gibt es Personen, die ihren Widerstand gegen die EU auf sehr schmalspurigen Privatinteressen gründen. Doch das gilt auch in anderer Richtung. Die Gegner eines EU-Beitritts verfügen ebenso über Angstpropaganda, über ihre Stempel.

Ich möchte einen Dokumentarfilm über die Region Almería im südlichen Spanien erwähnen, den ich bei einem Filmfestival im Herbst 2007 sah. In dieser Region wird ein Drittel des europäischen Winterbedarfs an Gemüse und Früchten produziert. In endlosen Treibhausanlagen arbeiten rund 80 000 Immigranten in einer Atmosphäre, die durch Insektenschutzmittel kontaminiert ist. Die Arbeiter beziehen lächerliche Löhne, und viele von ihnen sind auf Grund der Gegebenheiten regelrecht durchgedreht. Das ist nichts als Sklaverei, auch wenn es anders betitelt wird. Dies ist eine Erklärung für den niedrigen Lebensmittelpreis in Europa, der seinerseits eines der Schlüsselargumente der Sozialdemokratischen Union für einen EU-Beitritt Islands ist. Hier in Island haben wir die Wahl, den Strompreis für Treibhausbetriebe zu senken oder neue Energiequellen zu aktivieren. Für ihren Strom blechen Gewächshausbetreiber in Island ein Vielfaches dessen, was die Großindustrie, also Aluminiumschmelzen, zahlt. Die Energielieferungen an die Aluminiumindustrie sind so billig, dass der Preis geheimgehalten wird. Im obengenannten Dokumentarfilm war die Position der Farmer nicht weniger aufschlussreich als die der Arbeiter, die den Mut hatten, sich zu äußern. Die Farmer sprachen von Konkurrenz, und dass sie mit Märkten konkurrierten, wo die Sklaverei noch viel schlimmer sei, in Mittelamerika etwa und in Afrika. Dies sind exakt die gleichen Argumente, die die Verfechter des Quotensystems in der isländischen Fischerei benutzen, wenn ganze Strandregionen mit leeren Händen dasitzen: Dass sie mit dem internationalen Lebensmittelmarkt konkurrieren und daher Regeln nach ihren eigenen Köpfen bräuchten. Daraus resultierte eine noch größere Konzentration des Quotenbesitzes, der nun von ausländischen Banken gepfändet worden ist. Damit haben die Reeder uns dorthin gebracht, wovor sie selbst am meisten gewarnt hatten, nämlich an die Brust der EU oder einzelner Mitgliedsstaaten, und haben sie selber nicht ihre Finger im Fischfang anderer Nationen?

Historisch betrachtet war es das ursprüngliche und edle Ziel der EU, zu verhindern, dass Franzosen und Deutsche sich in die Haare gerieten, ebensowenig wie andere europäische Staaten, doch zugleich hatte sie auch ein anderes und vielleicht zu seiner Zeit umstritteneres Ziel, nämlich den freien Fluss von Arbeitskräften, um die Solidarität der Arbeiterschaft zu untergraben und dem Kapital Reisefreiheit zu gewähren, so dass Betriebe sich von einem Ort mit Tarifquerelen zurückziehen und sich dort niederlassen konnten, wo Arbeitskraft preiswerter ist. Diese Korrelation hat sich natürlich verändert, nachdem der freie Fluss der Arbeitskraft Realität geworden ist und Menschen dorthin ziehen, wo Arbeit zu haben ist, je nachdem, wie sich das Kapital bewegt. Doch der Kern ist davon unberührt, und hier handelt es sich um die Frage des erklärten und des realen Ziels, ähnlich wie mit der NATO, die vordergründig gegründet wurde, um die Russen in Schach zu halten, obwohl der Schlüsselparagraph des Nordatlantik-Vertrages sich darum dreht, das Gesellschaftsmodell des Kapitalismus zu konsolidieren oder, feiner ausgedrückt, das Modell der westlichen Demokratie. Die dahintersteckende Philosophie ortet den Gegner im Staat selbst und nicht außerhalb – was sich daran zeigt, dass es nie zu einer Auseinandersetzung zwischen NATO und Sowjetunion gekommen ist. Dagegen stützte die NATO eine Militärregierung in Griechenland 1967, um zu verhindern, dass die demokratisch gewählten Sozialisten tatsächlich an die Macht kämen. Es wurde auch in Betracht gezogen, NATO-Einheiten des Stützpunktes Keflavík beim isländischen Generalstreik 1955 einzusetzen. In diesem Zusammenhang ermuntere ich meine Leser, sich mit der Geschichte der Gladio-Einheiten vertraut zu machen, die vorwiegend in Italien agierten. Die beschriebene Haltung prägte auch die Sowjets hinsichtlich ihrer inneren Angelegenheiten. Einheiten des Warschauer Paktes wurden mobilisiert, um Aufstände in den Mitgliedsstaaten niederzuschlagen, wie in Ungarn 1956 oder in der Tschechoslowakei 1968. Ich will mich aus Thesen über Veränderungen, die innerhalb der EU und der NATO im Laufe der Jahre stattgefunden haben, heraushalten. Diese beiden Verbände legten sich unters Messer und unterzogen sich diverser Schönheitsoperationen. Beispielsweise hat die NATO sich den Anschein Vereinter Nationen zu verleihen versucht, und darauf scheinen die Sozialdemokraten Islands hereinzufallen. Ihre Anführer, die früher gegen den NATO-Stützpunkt Keflavík und die Anwesenheit des Militärs in Island protestiert hatten, fliegen nun mit Privatjets zu internationalen NATO-Konferenzen, nicht um dort »Imagine« von John Lennon zu singen oder Reden mit Anklängen an die Schlussszene von Chaplins *Diktator* zu schwingen, sondern um den Plänen der USA, die militärische Macht auszubauen, zuzustimmen. Man hätte sie auch mit Songs wie »Masters of war« von Bob Dylan ausstaffieren können, mit all jenen Rocksongs, die sie einmal beherrschten oder hätten beherrschen sollen. Unser Außenminister könnte im Islandpullover zur NATO-Versammlung ziehen, Halldór Laxness zitieren und diesen Militärs vorhalten, nur so viele zu töten, wie sie vertilgen könnten. Dies jedenfalls war die Auffassung von Bjartur in Sumarhus im Roman *Sein eigener Herr*. Jener geistige Umsturz, den die Sozialdemokraten durchgemacht haben, ist einfach unglaublich. Um innerhalb des privatisierten, marktwirtschaftlichen Umfeldes kurant zu sein, warfen sie alle Ideale über Bord – und das mit Leichtigkeit. Eigentlich viel zu leicht. Sie haben den Verlust ihrer Ideale selbst kaum bemerkt. Heute heißen Soldaten Friedenstruppen und Begriffe wie Internationale werden für die Macht der USA und ihrer Verbündeten benutzt. Wer wagt, Säbelrasseln und Weltmachtstreben zu verurteilen, muss sich fragen lassen: Bist du nicht zeitgemäß? Willst du dich vielleicht aus der internationalen Gemeinschaft lossagen? Aber ist es nicht genau das, was einige Nationen tun, Nationen, die schlechte Erfahrungen mit der internationalen Gemeinschaft haben und deren Gesetzmäßigkeiten nicht länger folgen wollen?

Was aber mit dem Internationalen Währungsfond? Welchen Platz nimmt er in diesem Zusammenhang ein? Wir Isländer tun gut daran, uns mit ihm vertraut zu machen, denn es verhält sich mit ihm wie mit einem Gast, der am Ende des Besuches das Haus des Gastgebers übernimmt. Der IWF wurde 1944 mit den gleichen Zielen wie die Weltbank gegründet, nämlich den Aufbau nach dem Zweiten Weltkrieg zu gestalten und Nationen mit Problemen mit Finanzmitteln auszustatten. Doch dem Beistand des Fonds folgten Bedingungen. Sie bestanden in aller Regel darin, dass Lizenzverträge mit Firmen geschlossen werden mussten, vorzugsweise amerikanischen, die dann ihrerseits den Aufbau steuerten. Häufig bedeutete dies die Veräußerung staatlicher Betriebe, mit Wirtschaftswachstum als Leitmotiv. Löhne wurden gesenkt, der Warenpreis stieg, die Ressourcen wurden übernommen und die Lebensqualität abgebaut. Durchschnittlich umfassen die Bedingungen des IWF 114 Paragraphen, die in den Grundzügen für alle Länder gleich sind, jedoch auf die jeweiligen Gegebenheiten zugeschnitten werden. Handelsbeschränkungen und Schutzzölle werden abgeschafft, die nationale Wirtschaft wird an ausländische Finanzinvestoren verkauft, das Wohlfahrtssystem drastisch beschnitten und der

Arbeitsmarkt flexibel gestaltet. Wenn das Schuldnerlan
bedeutende Ressourcen verfügt und es somit schafft, s
Verpflichtungen nachzukommen, greift der IWF zur Z
schraube. Der Fond behält sich vor, den Zinssatz regelmäßig
zu überprüfen, und zögerte in der Vergangenheit nicht, ihn
heraufzusetzen, um jene Länder, die er unterstützt, in Zahlungsverzug zu bringen. Auf diese Weise kann der Fond
Anspruch auf die Ressourcen geltend machen und sie an
Investoren weiterleiten, die schließlich ihrerseits im betreffenden Land ihre Ziele umsetzen können. Die Bedingungen
des IWF laugen schwache Staaten immer weiter aus und fördern die Armut in jener Illiquiditätsspirale, die unweigerlich
entsteht.

Im Jahr 1983 hatten ecuadorianische Superreiche das Land
durch riskante Investitionen in einen Schuldensumpf gegenüber ausländischen Banken manövriert. In isländischen
Ohren klingt das sehr vertraut. Ecuador wurde vom IWF gezwungen, Fremdkapital in Höhe von 1,5 Milliarden US-Dol-
lar aufzunehmen, um die Schulden zu begleichen. Der Darle-
hensvertrag mit dem Fond enthielt Klauseln, die die Tilgung
des Darlehens regelten. Ecuador sollte die Preise für Strom
und andere Notwendigkeiten drastisch anheben. Als dies
nicht zu hinreichenden Gewinnen führte, um den Verpflichtungen nachkommen zu können, wurde das Land gezwungen, 120 000 Arbeitsplätze zu streichen. In der Folge mischte
sich der IWF in alle Regierungs- und Verwaltungsebenen
des Staates Ecuador ein. So verhält sich der Fond, wenn
Staaten in Zahlungsverzug geraten. Dann erscheinen seine
Fachleute wie Botschafter vom Mond und bringen »Anregungen« mit, wie die Wirtschaft verbessert werden könnte,
und auf jene Anregungen folgen Drohungen bezüglich der

Übernahme von Ressourcen, sollten die Anregungen missachtet werden. Denn schließlich ist der Staat in Zahlungsverzug, die Kasse ist leer. Für Ecuador bedeutete dies die Privatisierung des Finanzsektors und der Banken, was jedoch zu himmelhohen Verschuldungen und Zinsbelastungen führte. Der Gaspreis stieg in dem Moment, als die Löhne fast um die Hälfte gekürzt und immer mehr Stellen abgebaut wurden. Die größten Wasserleitungen des Landes waren an ausländische Unternehmen verkauft worden. BP Arco erhielt die Alleinlizenz, um Gasleitungen über die Anden zu verlegen und zu betreiben. Nachdem das Darlehen besiegelt war, stellte der IWF 167 Bedingungen, die Ecuador zu erfüllen hatte. Alle liefen darauf hinaus, das Land in den Privatbesitz ausländischer Firmen zu bringen, vorwiegend amerikanischer.

Man kann weitere Beispiele studieren. Jamaika war und ist ein abhängiges Land, abhängig von umfangreichen Importen. Als das Land am Rande des Bankrotts balancierte, stieg der IWF mit Krediten ein, verbunden mit Vorbehalten und Wirtschaftsverträgen. Diese Verträge beinhalteten, dass amerikanische Großlieferanten Jamaika zu einem wesentlich niedrigeren Preis als andere Grossisten mit Waren versorgen würden. Dies setzte der jamaikanischen Landwirtschaft beträchtlich zu. Amerikanische Firmen führten speziell für Jamaika produzierte Agrargüter ein und unterboten die einheimischen Bauern. Das gleiche passierte in Haiti, und genaugenommen handelt es sich um das gleiche Prinzip, das Großmärkte und Discounter in Europa anwenden. Bauern legten ihre Betriebe nieder oder begannen Cannabis zu ziehen. Es verflossen nur zwei Jahre nach der Unterzeichnung des Vertrags mit Jamaika, bis die einheimische Landwirtschaft völlig ruiniert war. Da erhöhten die amerikanischen Lieferanten die Preise. Daraufhin stieg das Preisniveau deutlich an. Armut und Not unter der Bevölkerung waren niemals größer, dank der Unterstützung durch den IWF. Einer der isländischen Finanzbarone feierte seinen vierzigsten Geburtstag auf Jamaika. Damit wollte er jenen Jammerlappen übertrumpfen, der Elton John zig Millionen geboten hatte, um zum fünfzigsten Geburtstag des Krösus in einem Lagerhaus in Reykjavík aufzutreten. Der Vierzigjährige lud den Rapper 50 Cent und einen der Söhne von Bob Marley ein. Die sind cooler als Elton John, der mehr an einen senilen Bischof erinnert als an einen Rockstar. Mir hat eine Frau gesagt, die die isländische Neureichenszene gut kennt, selbst steinreich ist, aber von altem Adel abstammt und Manieren hat, dass den beiden Musikern die Verschwendung und der Luxus der isländischen Geldbarone, die dort in all ihrer Herrlichkeit und mit all ihrem plebejischen Auftreten und den rassistischen Vorurteilen versammelt waren, so über die Hutschnur gingen, dass sie die Party vorzeitig aus Protest verließen, ohne ihr Programm zu beenden. Ich betone, dass dies eine Anekdote ist, die von Mund zu Mund geht, und ich glaube sie, verkaufe sie jedoch nicht teurer, als ich sie gekauft habe.

Die besagte Party wurde jedenfalls in Jamaika gefeiert und der Milliardär hatte Geburtstag, doch Island ist bankrott, wegen genau dieser Neureichenschicht, die Banken besaß, welche ihre Kunden belogen, die die eigene Finanzlage schönte und sich gegenseitig riskante Beträge lieh, wegen einer Regierung, die schlief, und einem Geldadel, der durch die Welt tingelte und immer noch seinen Tribünenplatz am englischen Fußballfeld schuldet und wahrscheinlich auch die Strafmandate für seine Luxuslimousinen in der City von

London. Ich gestehe, dass ich nun einige Gruppen durcheinanderwerfe, doch für mich ist das alles ein und dasselbe. All das geschah auf Veranlassung des freien Marktes während der Regierungsphase der Selbständigkeitspartei. Dies war die Politik, die die Privatisierung der Ressourcen und solider Staatsbetriebe mit sich brachte, die Steuersenkung für Großverdiener, ohne dass sich die Steuern der Allgemeinheit verringert hätten, die Propaganda gegen öffentliche Konsumausgaben und Wohlstand, gegen das, was »Obhutspolitik des Staates« genannt wurde. Dessenungeachtet war der Staat umtriebig wie nie zuvor, abgesehen davon, dass der Service für die Allgemeinheit gekappt oder kostenpflichtig wurde. Währenddessen blähte sich der staatliche Wasserkopf auf. In aller Welt entstanden isländische Botschaften, Kraftwerke wurden errichtet, und im Herbst 2008 übernahm der Staat die astronomischen Schulden der Banken, nachdem der Rahm abgeschöpft und in Form von Yachten, Privatjets und Partys im beschriebenen Stil verbraten worden war. Deshalb ist Island bankrott, und dafür tragen die Milliardäre Verantwortung, zusammen mit ihren Politikern, doch sie müssen dafür nicht geradestehen, es sei denn, man kann ihnen Zuwiderhandlung der Gesetze nachweisen, die sie nahezu selber erließen, oder sie hatten ihre Leute an entscheidenden Stellen sitzen, einen kompletten Wirtschaftsrat, der Gesetze und Regulierungen verfasste, die die Parlamentarier überflogen und verabschiedeten, oder sie machten sich nicht einmal die Mühe, sie zu lesen. Eigentlich ist es Aufgabe des Internationalen Währungsfonds, dieses System glimpflich davonkommen zu lassen sowie die bereits vorhandenen Großbetriebe zu stützen und neue anzusiedeln. Dies geschieht mit Hilfe der EU und, kurz gesagt, dessen, was allgemein als internationale

Gemeinschaft bezeichnet wird. Auf diese Weise sieht der IWF vor, dass der isländische Geldadel keine Verantwortung für seine Schulden trägt und seine Rechnungen nicht begleichen muss, sondern es im Gegenteil internationalen Institutionen zukommt, die Verantwortung des Geldadels an die isländische Allgemeinheit zu verweisen, das Volk, den Pöbel, unsere Kinder, Enkel und Urenkel. Der Terminus dafür heißt »ausländische Verpflichtungen«, und denen müssen kommende Regierungen, seien sie nun rechts oder links, ins Auge sehen.

Wir haben keine Mittel, um Verträge einzugehen, die uns verpflichten, das wenige, das übrig ist, zu privatisieren. Ich spreche hier von den Energiewerken und der Staatlichen Kraftwerksgesellschaft Landsvirkjun. Island ist eine Gesellschaft Gleichgestellter, und wir fordern gleichen Zugang zum Gesundheitswesen und zur Ausbildung, unabhängig von der individuellen Finanzsituation. So waren unsere Demokratie und das Wohlstandssystem gedacht, doch so wird es unmöglich weitergehen können, wenn Krankenhäuser privatisiert und Schulen Kürzungen unterworfen werden, bis die Substanz aufgebraucht ist. Wir können es uns nicht leisten, unsere Ressourcen wie Fischbestände und Thermalenergie in den Rachen des internationalen Kapitals zu werfen. Gewiss haben wir es getan, oder genauer gesagt, der isländische Geldadel hat es getan. Er hat die Fischfangquoten an ausländische Banken verpfändet, vorzugsweise der Deutschen Bank, ohne dazu berechtigt gewesen zu sein. Der Geldadel kann nicht beleihen, was er nicht besitzt. Die Ressourcen sind Allgemeinbesitz der Nation, nicht nur gegenwärtig, sondern auch in der Zukunft unserer Kinder, Enkel und Urenkel, und es ist unsere Aufgabe, darüber zu wachen, dass zukünftige Generationen

sie nutzen können. Deswegen kämpfen wir für unsere Nachkommen.

Nun müsste ich eigentlich noch einmal Þorvaldur Gylfason und seinen bereits genannten Artikel »Will die Rücksichtnahme kein Ende nehmen?« zitieren, in dem er von der
Gefahr spicht, die Banken in die Hände unerfahrener Personen zu legen, und wie die Politiker sich einigten, den Reedern unentgeltlichen Zugang zu den gemeinsamen Ressourcen der Nation zu verschaffen. Als dies geschah, wurde das
moralische Bewusstsein der Politiker nach Ansicht von Þorvaldur so sehr geschädigt, dass kein Widerspruchsgeist mehr
aufkam, als es an die Privatisierung der Banken und der
Staatsbetriebe ging. Diese Analyse stimmt haargenau. Hier
trifft er den Nagel auf den Kopf. Deshalb betone ich seine
Worte. Anfänglich waren Fischfangquoten nicht kreditwürdig, doch ihre Inhaber und die Banken erkannten recht bald,
dass ungefangener Fisch kreditwürdig sein kann. Hundert
Milliarden Kronen entstanden aus dem Nichts und wurden in
die Taschen der Quoteninhaber transferiert. Danach konnten
sie darangehen, einen Besitz zu verkaufen, den sie in Wirklichkeit nicht besaßen. Auf diese Weise gelangte der nationale
Gemeinbesitz in die Obhut der jetzigen Quoteninhaber und
wurde später bis zur Schmerzgrenze beliehen. Jetzt haben die
meisten Quotenspekulanten alles verzockt. Sie haben Insolvenz angemeldet, und die Gläubiger, ausländische Kreditinstitute, sind im Besitz von Islands Ressourcen. Und nun soll
das isländische Volk für jene Schulden aufkommen, die Schulden der Spekulanten. Das Quotensystem versagte auch auf
dem Sektor der Rationalisierung und der Nachhaltigkeit, der
seine ursprüngliche Rechtfertigung gewesen war. Nicht einmal die Expansionswikinger, diese isländischen Luftblasen-

reiter, kommen an jene Herrschaften heran, die viele Hundert Milliarden Kronen Gegenwert aus dem Gemeinbesitz Islands herausholten. Diejenigen, die mit Quoten spekulierten, spekulierten mit realen Werten, nicht wie die Finanzinstitute mit erdichteten; da, wo sie mit realem Kapital wie den Rentenfonds spielten, geschah es als Hokuspokus; sie verkauften sich gegenseitig Luft, eine Art Lachgas finanziellen Glücks oder Unglücks. Die Fischereiwirtschaft jedoch schürft am Bankrott entlang, und die Milliarden sind verschwunden. Wohin? *The answer my friend is blowing in the wind.*

Wie es uns auch schmeckt – wir befinden uns in der Position des Bittstellers. Die isländischen Superreichen haben uns in die Knie gezwungen und zugleich anderen Superreichen in die Hände gespielt. Sie servieren uns auf dem Silbertablett denjenigen, die um die Ressourcen anderer Länder Kriege führen. In diesem Zusammenhang müssen wir uns die Frage stellen, ob Island ein eigenständiger Staat ist. Spielt das eine Rolle? Wie wird unser Land behandelt werden? Wie unsere Natur? Unsere Kinder und Enkel werden unter der Bürde der internationalen Gemeinschaft zusammenbrechen, die kein anderes Ziel hat, als die Welt in ihren ungerechten Fesseln zu belassen. Mit all ihrer ungleichen Verteilung, all ihren Umweltkatastrophen. Will denn niemand einhalten und fragen: Ist es das wert?

Es ist wohl am besten, meinen Reisebericht von den Färöern abzuschließen. Der Internationale Währungsfond kam nie dorthin. Sie brauchten ihn dort nicht. Der Isländer und die beiden Japaner, die ich auf dem Foto in der Volkshochschule bei Rói Patursson sah, reisten wieder ab. Sie wurden bestimmt nicht vermisst. Ich dagegen reise im Sommer 2006 zum dritten Mal auf die Färöer, diesmal zum Musikfestival

G! in der Ortschaft Göta. Ich nehme meinen Sohn Hrafnkell mit, um ihm diverse Orte zu zeigen und zu berichten, was sein Vater in der Vergangenheit so getrieben hat. Wir befinden uns in guter Gesellschaft des isländischen Musikers Mugison und seiner Band sowie des Dichters Eiríkur Örn Nordahl. Eiríkur und ich sollen mit einheimischen, dänischen und norwegischen Kollegen lesen. Lesungen sind die Musik der Dichter, sie sind unser Rock 'n' Roll. In Göta kommen viele gute Bands aus unterschiedlichen Ländern zusammen. Das färöische Musikleben blühte in den letzten Jahren auf, was nicht verwundert, wenn William Heinesens *Verdammte Musikanten* mit der Umwelt verkabelt werden. Mugison hält ein unvergessliches Konzert. Mein Sohn und ich sind uns darin einig, dass die Färöer absolut Spitze sind.

Nach dieser Reise dachte ich viel über Selbständigkeit nach. Ich erwähnte sie in Zusammenhang mit dem Konflikt von Klakksvík und stellte Vergleiche mit Island an. Vor einigen Jahren wurde die Unabhängigkeitsfrage auf den Färöern lebhaft diskutiert. Die Unabhängigkeit stand unmittelbar bevor. Man stritt sich über die Zeitspanne der Anpassung. Auf den Färöern wollte man diese Übergangsphase fünfzehn Jahre länger halten, als die dänische Regierung offerierte. Mir kam das sehr merkwürdig vor. Wenn die Freiheit keine fünfzehn Jahre wert ist, was ist sie dann wert? Ich erwog, was die isländischen Freiheitskämpfer des 19. Jahrhunderts wohl dazu gesagt hätten, die von der deutschen Romantik und der französischen Revolution inspiriert waren? Vielleicht sind die Einwohner der Färöer bloß zu gut erzogen, dass sie fünfzehn Jahre länger unselbständig bleiben wollen, auch wenn ihnen die Unabhängigkeit hier und jetzt angeboten wird?

Aber vielleicht sind die ganze Romantik, die Ideale der

Selbständigkeit und der Geist der Revolution passé. Der fette Lakai ist an der Macht, nicht der geprügelte Sklave. Was taten isländische Regierungsmitglieder nicht alles, als das amerikanische Militär sich endlich zum Abzug entschloss? Sie flehten um eine Verlängerung des Vertrages, knieten vor den Militärbehörden und baten inständig darum, nicht verlassen zu werden. Ihr Verhalten war frei von verwegenen Ideologien. Jetzt dagegen hat man unsere Selbständigkeit ins Schuldengefängnis geworfen, und wir sind völlig von den Gläubigern abhängig, wahrscheinlich unser ganzes Leben lang, so dass jener Unabhängigkeitskampf, der vor Jahr und Tag geführt wurde und mit einem Sieg endete, sich aller Wahrscheinlichkeit seinem Ende zuneigt; jedenfalls wurde er von unserer Regierung nicht gerade in den Himmel gehoben, und sollte der Kampf noch einmal aufgenommen werden, dann nicht mit ihr, sondern ohne sie.

VII   Die Philosophie der Lüge

Und all dieses Wenn und all dieses Vielleicht,
Sein oder Nichtsein.
Deshalb glaube ich an das Fragezeichen,
trinke die Tränenflut
und lache sogar aus Protest.
Wer bin ich und wo
in all diesem Wenn und all dem Vielleicht.

Am Anfang war das Wort
und das Wort wurde Ton und das Wort wurde Bild
und es war kein Widerspruch, sich selbst zu widersprechen,
denn die Stimmen des Lebens sind zahlreich
und lange nach ihrem Verstummen hörbar;
und fortlaufend spricht die Stille
von all diesem Wenn und Vielleicht
von Tönen und Bildern, Worten ohne Anfang,
denn am Anfang war nichts als das Wort
hier auf der Erde, wo der Bauch
ebenso verrückt ist wie der Kopf.

Ich glaube an das Fragezeichen
auf der Suche nach Kontakt,
dass die Wandsteckdose bei Gott
natürlich nicht angeschlossen
und kontaktlos ist mit allem
außer dem Schiff des klaren Himmels

mit schwarzer Fahnenfracht
und Finsternis am Horizont.

Deshalb glaube ich an das Fragezeichen,
an den Ring des Lebens,
der die letzte Null
der letzten Kronenmünze ist,
und nichts kann uns retten
außer all jenem Wenn und Vielleicht,
der Glaube im Unglauben
und der Unglaube im Glauben,
Amen.

Wer kann mir die Welt erklären, mir die Wahrheit auf einem Silbertablett servieren und mir auf unumstößliche Weise sagen, was richtig ist und was falsch? Ich werde gelegentlich auf Fehler in meiner Argumentation hingewiesen. Das finde ich sehr gut. Ich korrigiere die Fehler sobald wie möglich. In diesem Kapitel wird einer davon untersucht; schließlich trägt es den Titel »Philosophie der Lüge«.

Ich glaube an das Fragezeichen und das Recht, meine Meinung – wenn nötig – zu ändern. Es ist ein großes Missverständnis, zu glauben, man bliebe sich selbst treu, indem man sein Leben lang eine einzige Haltung vertritt; jetzt, wo wir uns in der Umarmung von Veränderungen wiederfinden, werden auch wir uns ändern müssen. So betrachtet handelt es sich um soziale Rechenschaft und die Verantwortung der Regierenden. Sie müssen akzeptieren, wer sie sind und welche Fehler sie gemacht haben. Seine Fehler zu verbergen oder unter den Teppich zu kehren hilft nicht und führt dazu, dass die Dummheit mit noch mehr Druck aus dem Krater quillt.

Trotzdem fällt vielen Menschen das Eingeständnis, wer sie sind und wofür sie stehen, schwer. Keinem behagt die Vorstellung, als ungerecht oder betrügerisch, gar verlogen eingestuft zu werden, und alle bedauern es, wenn ihre Ideale wie Kartenhäuser einstürzen: egal, ob es sich dabei um den osteuropäischen Sozialismus von vor zwanzig Jahren handelt oder die westliche Marktwirtschaft der Gegenwart. Beide Systeme brechen von innen zusammen, versuchen jedoch sich zu halten; alle derartigen Versuche führen unweigerlich zum Konservativismus. Wenn wir die gleichen Banken, die gleiche Regierung, die gleichen Kontrollinstanzen, die gleichen Medien behalten sollen, die wir haben, dann sind wir wirklich mies dran. Dann wird nicht ausgelüftet, die Atmosphäre in der Gesellschaft wird schal, und Armut wird sich ausbreiten. Wir kennen die Auswirkungen einer rasanten Finanzpolitik aus den ersten Jahrzehnten des 20. Jahrhunderts, vor rund einem Jahrhundert, die zum Ersten Weltkrieg führte, zu Aufstandswellen in Europa und im Vorfeld der Krise 1929 zum Zusammenbruch, zu Faschismus und Nationalsozialismus und letztlich zum Zweiten Weltkrieg. Werden die Parallelen nicht erkannt, oder hat der Neoliberalismus der letzten Jahre die Geschichte, ja jede Erinnerung derart gründlich aus dem Bewusstsein der Welt gelöscht? Er fälschte die Geschichte, weil er sich zum Sieger erhob. Die Geschichte glich einem Fußballmatch, das er gewonnen hatte. *I fought the law and the law won* ... Der Jubel hielt zwanzig Jahre an, doch was wurde bejubelt? Hannes Hólmsteinn Gissurarson, der bedeutendste Apostel des isländischen Neoliberalismus, betonte, dass Kapitalisten und ihre Satelliten nicht viele Gedanken an soziale Fragen verschwenden würden. Statt dessen wollten sie tagsüber verdienen und abends grillen. Diese Haltung spiegelt sich in öffentlicher Neutralität sowie Überakzentuierung von Leichtverdaulichem im Kultursektor wider. Zwischen dem Aufschwung des Neoliberalismus einerseits und der populären Unterhaltungsliteratur wie Kriminalromanen und diversen Lifestylebüchern andererseits kann man einen gewissen Zusammenhang registrieren, ganz zu schweigen von Handbüchern und Führern durch das Labyrinth der Gier mit dazugehöriger Anbetung der Äußerlichkeit und Jugend. Die oberflächliche Sichtweise des Thrillers wird mit gesellschaftlicher Diskussion gleichgesetzt. Einige Fachleute griffen diese Hypothese auf und führten an, dass gesellschaftliche Diskussion nur in den unteren sozialen Schichten geführt werde. Solche Fachleute beziehen keine Position. Sie scheuen Politik und fürchten sich vor der Realität.

Unsere Aktivitäten entspringen häufig tradierten Ideen. Dies trifft auch auf die Aktivitäten der Regierung zu. Sie versucht mit allerhand Winkelzügen zu beweisen, dass sie keinen Anteil am Dilemma hat, was auch für den Geldadel und die Kontrollinstanzen gilt. Die Regierungsparteien erkennen den Schlamassel an, verweisen jedoch auf die jeweils anderen: die Unabhängigkeitspartei auf die Fortschrittspartei und die Sozialdemokratische Union, die Sozialdemokratische Union auf die Unabhängigkeitspartei und die Fortschrittspartei, und so weiter, hin und her. Auch die Milliardäre weisen einer auf den anderen, die Kontrollinstanzen hüllen sich in Schweigen, und die Regierung scheint weniger über sich selbst zu wissen als der überwiegende Anteil der Bevölkerung. Erinnert sich niemand mehr an den Bürgermeister von Reykjavík, der seine Beschlüsse Rechtsanwälten vorlegte, ehemaligen Anwälten und auf Séancen sogar verblichenen Anwälten? Durch seine Unfähigkeit hätten wir um ein Haar bedeutende Energiequellen unter die Kontrolle jener Milliardäre verloren, die alle mit dem Zusammenbruch in Verbindung stehen. Eines der Schutzargumente jenes Bürgermeisters lautete, dass der Vertrag auf Englisch gehalten war!

Unfähigkeit dieser Art ist bezeichnend für isländische Politik und folgt den Regierungsparteien wie ein Trabant. Doch es ist egal, wie man die Sache betrachtet. Am Ende hat sich der Kaiser in seinem eigenen Lügengewebe verstrickt und die Stunde der Wahrheit naht. Die Reaktionen auf die Rede Davíð Oddssons im Hotel Nordica anlässlich der Konferenz des Wirtschaftsrates Anfang November 2008 zeigten, dass die Regierungspolitiker seinen Anschuldigungen entgehen wollten. Sie verbissen sich in Formalitäten – so dürfe ein Zentralbankchef nicht sprechen, er sei unfähig, und anderes in dieser Richtung. Einige vertraten sogar die Ansicht, der Mann sei nicht bei Trost. Die Aufmerksamkeit wurde vom Inhalt seiner Rede auf seine Person gelenkt. Wenngleich die Medien auf einer Bürgerversammlung zugesichert hatten, kritisch zu berichten, gestehen sie Politikern weiterhin zu, sich in Wortklaubereien zu verlieren. Wenn nur ein Bruchteil dessen, was Davíð Oddsson über die Regierung sagte, korrekt ist, war sie vollkommen unfähig. Ich sagte: Prüft zuerst, was Davíð behauptet, und wendet euch danach seiner Person zu. Nun, einige Monate später, sind Dokumente zugänglich gemacht worden, die die Richtigkeit all dessen, was Davíð im Hotel Nordica behauptete, bestätigen; es *kamen* schwarze Berichte ausländischer Rating-Agenturen, und die Regierung *wurde* gewarnt. Das ist Tatsache, unabhängig davon, ob Davíð Oddsson in seinem Amt unfähig war oder übergeschnappt, doch nur darum drehte sich die Diskussion, und über angemessene oder unangemessene Wörter. Wenn jemand diesen

Punkt zur Sprache brachte, wurde unterstellt, der Betreffende sei Davíð Oddsson allzusehr gewogen und daher nicht ernst zu nehmen. Sodann hätte man Davíð fragen müssen: Wenn die Regierung den schwarzen Berichten keine Aufmerksamkeit schenkte, warum unterbreitete er sie dann nicht jemand anderem? Wenn er Bescheid wusste und warnte, warum tat er dann nichts? Tatsache ist nämlich, dass alles im gleichen System der freien Marktwirtschaft stattfindet, wo alles getan wird, um dem Kapital Freiheit zu verschaffen. Nun ist nichts mehr übrig außer ein paar gläsernen Bauruinen, unfertige oder halbleere.

Gut und schön. Wenden wir uns wieder dem Thema zu, immer im Recht zu sein und keine Verantwortung zu tragen. Mit dieser Realität kamen die Vorsitzenden der ehemaligen kommunistischen Staaten stets gut zurecht. Sie konnten jenen, die die Weltmacht anstrebten, ihr Elend und ihre Armut mit ebenso großer Überzeugungskraft vorwerfen wie Geir Haarde, als er auf die internationale Finanzkrise verwies, die völlig unerwartet eines Morgens durch das Fenster kam, während er schlief. Die Vorsitzenden im Osten bemühten zudem die Geschichte; sie waren nicht nur Vorsitzende der Gegenwart, sondern Reiseleiter in alle Zukunft. Sie waren uns im historischen Zusammenhang voraus. Einen Schritt voraus. Das glaubten sie tatsächlich. Vor einigen Jahren las ich einen Zeitungsartikel, in welchem davon berichtet wurde, dass die *Prawda*, das ehemalige Sprachrohr der sowjetischen Kommunisten, einen Reformierer angegriffen hätte, wie es hieß, einen der bedeutendsten Vertreter der Marktwirtschaft und der Privatinitiative. *Prawda*, was Wahrheit bedeutet, sah sich veranlasst zu berichten, dass der genannte Reformer zehn Jahre zuvor im Bergland des Ural Marxismus gelehrt hatte, nun aber die Freudenbotschaft des Mammon vertrat. Und *Prawda* stellte die Frage: Wann log er – jetzt oder vor zehn Jahren? Marxismus war in der Sowjetunion ein Teil des Machtsystems, eine Art gesellschaftliche Staatsreligion; er war ein derartiges Credo, dass er als Glossar die Erscheinungsformen menschlichen Lebens in alphabetischer Reihenfolge auflistete. In der ureigenen Dialektik fand sich keine Dialektik mehr. Das hatte natürlich mit Marxismus oder seiner Blütezeit um 1968 nichts zu tun. Zu jener Zeit wurden mindestens ebenso viele Bücher über Marxismus veröffentlicht wie heute über Kochen, Diäten, Lifestyle und Verbrechen. Der Einfluss des Marxismus war gigantisch – auf die Geisteswissenschaften, die Literatur, die Gleichberechtigung der Frau, ja auf alles außer auf die Arbeiterschaft, die die Welt verändern sollte. Jener Marxismus, der sich in den westlichen Staaten ausbreitete, kam den Sowjets keineswegs gelegen. Im Gegenteil, sie strebten eine friedliche Koexistenz an, ebenso wie die rechten Kapitalisten. Sie schenkten den Widerstandsbewegungen in Osteuropa keine Beachtung. Das taten vielmehr kleine Gruppen des linken Flügels, Trotzkisten und Anarchisten, allerhand Protestgruppierungen. Diese Gruppen informierten über den Widerstand, verfassten Artikel, veranstalteten Sitzungen und druckten Pamphlete. Doch die Sitzungen waren mager besucht, und der Verkauf der Pamphlete lief nicht gut. Diese Gruppen standen in Verbindung zu Professoren, die zu Straßenkehrern degradiert worden waren, zu Gewerkschaftsführern, die Fenster putzten, und zu emigrierten Kämpfern; doch man sprach vor tauben Ohren. Wer die Bücher Kunderas liest, erhält einen Eindruck jener Welt. Als die Mauern dann fielen, wollten es alle schon immer gewusst haben. Als nach dem Fall der Diktatur Siegesfeste

veranstaltet wurden, standen die Widerständler und Protest-
ler wie begossene Pudel da, während sich die Säle füllten mit
sich gegenseitig zuprostenden Neoliberalen; da zog die Ära
des kapitalistischen Materialismus herauf, der an gesetzlich
verordnete Eigenliebe gemahnt, wo Gier edel ist und schicke
Namen trägt. Es ist genau diese Suppe der Gier, die wir nun
auslöffeln.

Ich studierte Geschichte zur gleichen Zeit wie Ingibjörg
Sólrún Gísladóttir, die ehemalige Außenministerin und eine
der beiden führenden Regierungspolitiker, die der Topfdeckelrevolution zum Opfer fielen. Ich befinde mich im Besitz
einer ausgezeichneten Arbeit, die sie über die Geschichte der
Gewerkschaftsbewegung schrieb. Als Historikerin weiß sie,
wie die Geschichte Leuten mitspielt, die versuchen, sich gegen berechtigte Forderungen des Volkes zu stemmen und die
Wahrheit verleugnen. Sie weiß auch, dass in dem Moment,
wo Machthaber nichts anderes im Sinn haben, als an der
Macht festzuhalten und dazu Stegreiftalente des alten Systems anheuern, vieles ungereimt ist, und dass die Schreiber-
linge der Zukunft niemanden verschonen. Ich kann nicht
voraussehen, wie die objektive Einschätzung der Geschichte
ausfallen wird, wie ihre Richter die Regierung Haarde / Gísladóttir beurteilen werden, doch ich gehe nicht davon aus,
dass es zu einem positiven Ergebnis kommen wird. Die beiden führenden Politiker sind aus gesundheitlichen Gründen
zurückgetreten, nicht etwa, weil sie die Verantwortung für
den wirtschaftlichen Zusammenbruch übernommen hätten.
Es liegt mir fern, die Krankheiten der beiden herunterzuspie-
len, doch als solche hätten sie nicht den alleinigen Grund für
den Rücktritt liefern dürfen. Sie hätten auch zurücktreten
müssen, wenn ihre Vitalität die von kraftstrotzenden Ele-

fanten gewesen wäre. Sie hätten wegen ihrer Unfähigkeit gehen sollen, ihrer Beflissenheit gegenüber eines korrumpierten Bankwesens und ihrer Blindheit angesichts des Geschehens. Dies wird immer deutlicher, je mehr Informationen aus der Krateröffnung quellen. Auch der Staatspräsident hätte zurücktreten sollen, bis jetzt hat er es jedoch nicht getan. Seine Blindheit verhüllte manch einem die Sicht. Anstatt Präsident des Volkes und dessen Kultur zu sein, machte sich Ólafur Ragnar Grímsson zum Präsidenten der Wirtschaft, eigentlich zu ihrem Hofnarren. Durch seine Dienstfertigkeit vor der Wirtschaft betrog der Präsident das Volk. So einfach ist das. Natürlich ist das ein Trauerspiel, denn sowohl der Präsident als auch die ehemalige Außenministerin haben eine sozialdemokratische Vergangenheit, ja eine linke, doch sie schwenkten jeweils auf ihre Weise zum Kapitalismus über. Im System war keinerlei Verantwortung zu finden. Immer mehr Leuten wurde klar, dass diejenigen, die das Staatsschiff in den Untergang steuerten, keineswegs am Ruder hätten sein dürfen. Das Volk fand allerhand Vergleiche: Diejenigen, die uns mit verbundenen Augen an den Abgrund gefahren haben, sitzen noch immer am Steuer des Fahrzeugs. Nein danke. Die meisten Vergleiche für den Kollaps brachten Bilder wie unkontrolliertes Autofahren, Alkoholismus oder Havarien hervor. Man war sehr poetisch während der Topfdeckelrevolution.

Man will die bestehenden Verhältnisse nicht ändern, mit denselben Leuten in denselben Positionen, und sollten es nicht dieselben Leute sein, dann sind es ihre Doppelgänger. Aber das will niemand, und wer hinausgeht und mit den Bürgern spricht, wird erfahren, wie offensichtlich diese Situation ist. Dabei spielt es keine Rolle, welcher Partei die Bürger angehören oder angehört haben, wobei die meisten keiner Partei gewogen sind, und sollten sie einer angehört haben, hatten sie keine Möglichkeit der Mitbestimmung. Dies hat Parallelen mit dem allumfassenden Bankrott, in den uns die Regierung geführt hat. Losgetreten wurde er von einer kleinen Gruppe Milliardäre und dem ganzen Behörden- und Regierungsapparat, der Zentralbank und der Finanzaufsicht, doch 300 000 Bürger sitzen in der Suppe. Das isländische Volk wurde nie gefragt, ob es die Verantwortung für ICESAVE-Konten oder andere, dem völlig korrupten System, in dem wir leben, erwachsende Verpflichtungen übernehmen will. Die in Island florierende und in internationalen Medien geschilderte Korruption hat uns den Ruf einer Art Zimbabwe des Nordens eingehandelt, wo Geldadel und Regierung in Hinterzimmern Entscheidungen treffen und Ministerien Wahlbüros sind, in denen rechtschaffene Politik umgangen und das Interesse der Öffentlichkeit ignoriert wird. Solange niemand Verantwortung übernimmt und die Kreationen des isländischen Geldadels nicht formal von der Nation getrennt werden, steht es schlecht um uns. Weder ich noch jemand, den ich kenne, ist jemals ICESAVE-Verpflichtungen eingegangen. Die Regierung muss jene, die diese Konten ins Leben gerufen haben, die Schulden begleichen lassen und darf nicht uns, die Einwohner des Landes, gegen die Konteninhaber ausspielen. Man könnte einige von ihnen zwar fragen, etwa die Geschäftsführer britischer Krankenhäuser und Kommunen, was sie sich eigentlich bei ihren Geldanlagen dachten. Aber sie können ruhig durchatmen. Die isländische Regierung lässt das isländische Volk für die Rechnung aufkommen, handelt es sich doch um eine Anordnung des Internationalen Währungsfonds, und man darf sich nicht wundern, wenn Gordon

Brown davon weiß und es dem britischen Parlament mitteilt. Dazu gibt es den Internationalen Währungsfond. Er ist der Geldeintreiber internationaler Gläubiger. Im Schutze dieses Arrangements hat man uns des guten Rufes beraubt und des Stolzes, und das ist nichts anderes als Betrug.

Ich sagte zu Anfang dieses Kapitels, dass ich gelegentlich auf Argumentationsfehler hingewiesen werde. Auf einen solchen Hinweis habe ich reagiert; es dürften aber noch mehr werden. Nicht nur Fehler, sondern auch Meinungsdifferenzen. Sogar Milliardäre haben mir geantwortet. Ich, der arme Dichter, der sich seit seiner Jugend nicht mehr mit Politik befasst hatte, lag plötzlich im Federkrieg mit einigen der herausragendsten Persönlichkeiten der Gesellschaft. Am Freitag, den 14. November 2008, erscheint ein Artikel in der Tageszeitung *Morgunblaðið*. Er behandelt eine Äußerung, die ich im Fernsehjournal *Kastljós* fallenließ, im Anschluss an die Abendnachrichten. Autor des Artikels ist Haraldur Yngvi Pétursson. Er trägt den Titel Betriebswirt und ist ehemaliger Mitarbeiter der Kaupthingbank-Analyseabteilung. Haraldur Yngvi greift folgende Äußerung meinerseits auf: »…Analyseabteilungen scheinen sich damit befasst zu haben, Leute zu belügen…« Haraldur Yngvi meint, dass ich hier sehr weit über das Ziel hinausschieße, hält mir aber zugute, dass dies zu meinem Beruf gehöre, schließlich sei ich Dichter. Dichter dürfen merkwürdig und borniert sein. Doch die Kritik von Haraldur Yngvi ist völlig berechtigt, und ich konnte nicht anders, als darauf zu reagieren. Ich glaubte aus seinem Artikel sogar eine gewisse Demut herauszulesen, die man allzu lange an Vertretern des Bankwesens und Politikern vermisst hatte. Haraldur Yngvi schreibt: »Während der letzten 18 Monate in meinem Beruf leitete ich jenen Teil der Abteilung, der sich mit Wertpapieren beschäftigt. Es ist völlig klar, dass unsere Prognosen über die Börsenentwicklung und den Wert isländischer Banken keineswegs haltbar waren.« Geir Haarde und Ingibjörg Sólrún Gísladóttir haben beispielsweise bisher keine Stellungnahme bezogen, obwohl sie beide zurückgetreten sind. Sie personifizieren die Politik und weisen der Allgemeinheit eine Position zu, aus der heraus es schäbig wäre, sie zu kritisieren, weil sie krank sind. Jón Ásgeir Jóhannsson, der Boss des Baugur-Konzerns, war geradezu großmäulig, als er sich verbat, dass Außenstehende einen Blick in seinen Geldbeutel werfen, obwohl er durch seine verschuldeten Firmenübernahmen erheblich dazu beigetragen hat, dass der Geldbeutel eines Großteils der Isländer völlig leer ist und mehr als das – und Darlehen, die er und seine Firmen erhielten, ganze Banken ruinierten. Deshalb zog ich den Hut vor Haraldur Yngvi, dem Finanzanalytiker, und hätte es gern gesehen, wenn er an der Renaissance, die sich nun abzeichnet, beteiligt werden würde. Ich habe nichts mehr von ihm gehört, aber das ändert nichts.

Doch wenden wir uns den Worten zu, die Haraldur Yngvi an mich richtete. Er schreibt: »Dem Dichter lag sehr am Herzen, dass der Ministerpräsident die Demonstranten, die er Pöbel genannt hatte, um Entschuldigung bäte. Ich finde es nur recht und billig, dass Einar Már Guðmundsson, der Bauchredner des Volkes, mit gutem Beispiel vorangeht und die Mitarbeiter der Analyseabteilung um Entschuldigung dafür bittet, dass er sie Lügner nannte.« Meine Antwort auf das Anliegen des Finanzanalytikers lautet so: Ja, das tue ich mit Vergnügen. Ich bitte dich und die Mitarbeiter der Analyseabteilung um Entschuldigung für meine Äußerung. Ich verweise allerdings darauf, dass es Geir Haarde nicht in den

Sinn kommt, auch nur die geringste Reue zu zeigen. Es war natürlich falsch zu behaupten, dass ihr in der Analyseabteilung bewusst gelogen habt. Die Analyseabteilungen waren vielmehr im Lügengewebe verfangen und trugen beträchtlich zur Prägung des Gesellschaftsbildes bei. Beispielsweise wirkten ihre Sprecher tatkräftig am Ansteigen der Immobilienpreise mit. Sie spielen daher durchaus ihre Rolle, wenn Mitbürger in den Abgrund stürzen. Und noch etwas verdient Aufmerksamkeit, wenn es um Angestellte der Analyseabteilungen geht, und das sind ihre Gehälter gemäß der 2008-Ausgabe von *Frjáls verslun*. Die meisten von ihnen haben um die drei Millionen Kronen im Monat kassiert, und Edda Rós Karlsdóttir, die sich derzeit meistens als Sprecherin der Analyseabteilungen bezeichnet, bezog mehr als sieben Millionen im Monat. Darf man nicht unterstellen, dass Leute mit solchen Gehältern von der herrschenden Situation profitierten? Vielleicht kann Haraldur Yngvi diese Frage beantworten. Viele Leute haben das Gefühl zurückbehalten, an der Nase herumgeführt und verarscht worden zu sein und betrachten die Analyseabteilungen als Werbebüros der Banken. Ist das falsch? Wie bereits gesagt, antwortete Haraldur Yngvi nicht, und nach dieser Auseinandersetzung wurde Edda Rós Karlsdóttir zum Internationalen Währungsfond berufen.

Die betriebswirtschaftlichen Fakultäten, insbesondere der privat betriebenen Universität von Reykjavík, bildeten jenes Fundament, auf dem die Bankgeschäfte fußten, jedenfalls zu einem gewissen Teil. Daher ist es aufschlussreich, auf einen Beitrag der Volkswirtin Lilja Mósesdóttir über das Betriebswirtschaftsstudium in Island zu verweisen. Dort heißt es: »Im vergangenen Jahrzehnt legte die isländische Regierung übermäßigen Nachdruck auf die Konkurrenz betriebswirtschaftlicher Fakultäten um Studenten, Professoren und Sponsoring durch den Privatsektor. Hochschulen sollten wie Betriebe geführt werden. Die Forschungszuschüsse der Regierung an privat betriebene Betriebswirtschaftsfakultäten lagen niedriger als die der Universität Islands, und selbst deren Mitarbeiter sahen sich seit langem veranlasst, über begrenzte Fördermittel zu klagen. Die neuen Privatfakultäten waren daher nicht in der Lage, parallel zum Ausbau der Lehre einen vitalen Forschungsbetrieb aufzubauen. Dieser jedoch bildet die Prämisse dafür, dass Professoren und Studenten Politik und Praxis von Betrieben und Regierung auf kritische Weise beurteilen können. Konkurrenz sollte die Fakultäten zur Rationalisierung bewegen oder sie stromlinienförmig machen, was u.a. zu einem Minimalangebot an Seminaren führte. Darüber hinaus unterhielten die Fakultäten enge Kontakte zur Wirtschaft, und deren Vertreter saßen und sitzen in den Gremien der Hochschulen. Zusätzlich wurde die direkte Finanzierung des Universitätsbetriebs durch Firmen deutlich befürwortet. Den ideologischen Folgen derartiger Verknüpfungen wurde keine Frage gewidmet. Im Vordergrund stand, das Studium an den Bedürfnissen der Betriebe auszurichten, u.a. durch die Abschaffung von gesellschaftsanalytischen oder gesellschaftsrelevanten Seminaren, und an ihre Stelle traten Kurse, die sich auf Profitanalyse oder jenen Vorteil einzelner Betriebe und Individuen bezogen, der aus diversen Investitionsformen resultiert. So durchliefen Studenten ihr Betriebswirtschaftsstudium, ohne beispielsweise tieferen Einblick in die Prämissen der Finanzkrisen des ausgehenden 20. Jahrhunderts in Skandinavien, Asien und Südamerika zu erwerben. Darüber hinaus bestand kaum Spielraum, Studenten in kritischem Denken zu fördern und ihnen Folgerungen auf der Basis von Daten und wissenschaftlichen Ergebnissen zu vermitteln.«

Dieser Zusammenhang ist eine genauere Betrachtung wert, zumal viele Mitarbeiter der Analyseabteilungen an den besagten Universitäten ausgebildet worden sind. Nach dem Kollaps erinnert die Lage der Analyseabteilungen und ihrer Sprecher überraschend an die Position gewisser DDR-Professoren nach dem Fall der Mauer; sie waren in einer Lehre verhaftet, die niemand ernst nahm. Ich habe mir oft vorgestellt, wie die Professoren der DDR, deren Berufsfeld es war, Marxismus zu lehren, sich mitten in Ruinen gefühlt haben mögen, mit Mauerbruchstücken in der Hand. Mit ähnlichen Augen betrachte ich die Sprecher der Analyseabteilungen der Banken, die das Monopol für wirtschaftspolitische Diskussion im öffentlichen Fernsehen so gut wie in der Tasche hatten.

Kurz nachdem Haraldur Yngvi Pétursson, der Analysefachmann, mir antwortete, fand eine Bürgerversammlung zur Rolle der Medien statt. Neben anderen sprach die Literaturwissenschaftlerin Irma Erlingsdóttir auf der Versammlung. Sie legte eine literaturwissenschaftliche Interpretation zum Thema vor: Lüge, Dichtung und Volkswirtschaft. Sie mischte sich in die Auseinandersetzung zwischen Haraldur Yngvi und mir mit den Worten ein: »Die Lüge taucht allenthalben auf. Ein ehemaliger Mitarbeiter der Analyseabteilung der Kaupthing-Bank erklärt sich in einem Artikel des *Morgunblaðið* zutiefst uneins mit der Behauptung von Einar Már Guðmundsson, es sei Berufung dieser Abteilung gewesen, Leute zu belügen. ›Ich finde es unmöglich‹, sagt der Mitarbeiter, ›den Dichter völlig unbegründete Behauptungen über vorsätzliche Lügen aufstellen zu sehen, womit er sich direkt gegen die Mitarbeiter der Analyseabteilung stellt. Irrtum ist keine Lüge, ebensowenig wie literarische Dichtung ein Lügengewebe ist‹ – ich wiederhole: ebensowenig wie literarische Dichtung ein Lügengewebe ist. Bewusst oder unbewusst setzt der Angestellte die Prognose der Analyseabteilung mit Dichtkunst gleich. Keines von beiden ist ein Lügengespinst, wenn ich ihn richtig verstehe. Doch genau da liegt wohl der Hund begraben: Dichtung kann durchaus ein Lügengespinst sein. Nur wenige Zeitgenossen sind davon überzeugt, dass Dichtung die Wahrheit an sich enthält, wenngleich sie über Wahrheit verfügt, eine tiefe und viel diskutierte Wahrheit. Dichtung ist eine konstruierte Realität, eine Einbildung, die gewissen Gesetzmäßigkeiten des Schreibens unterliegt und entsprechend gelesen werden muss. Es sieht ganz so aus, als ob die Analyseabteilungen genau an diesem Punkt versagten, als sie ihre Prognosen und deren Voraussetzungen, ja die ganze Prognostizing-Rei (ich möchte fast sagen, den Prognosenleichtsinn) als gegebene Wahrheit begriffen, als Glaubensbekenntnis oder Orakel. Sie studierten in blindem Glauben Kristallkugeln oder, besser gesagt, Kristallblasen. Wirtschaftsprognosen, Aktienkursprognosen, Devisenkurs und der Zustand des Marktes hätten, wie gute Dichtung, sich besser auf menschliche Schicksale – und Wahrheit bezogen. Die isländische Realität war jahrelang nichts anderes als schlechte Dichtung in den Händen von Dilettanten, und wir haben jenen Laiendichtern der freien Marktwirtschaft aus Unachtsamkeit erlaubt, unsere Realität, unsere Werte und Wahrheit zu definieren. Das kostete uns nicht nur einige Heller, sondern auch Ruf und Ehre. Jetzt ist es an der Zeit, die Dilettanten ebenso zu enttarnen wie ihre klägliche Dichtung und jenes Improvisationsbüro, das sie stützt und sich un-

ter anderem im Parlamentsgebäude am Austurvöllur eingenistet hat.«

Dergestalt fliegen Artikel durch die Presse, Literatur-
wissenschaftler ergreifen das Wort, Volkswirtschaftler, Elek-
triker, Schauspieler, Schlosser, Seemänner, Piloten und Barkeeper – kurz gesagt, alle Betroffenen; und die Angelegenheit betrifft alle. Die Regierenden stehen vor dem Volk und
wissen nicht, was sie sagen sollen. Indes redeten sie viel zu
lange. Der Moment wird kommen, in dem die Sprache der
Politiker abstürzt wie ein Flugzeug. Plötzlich verlieren ständig wiederholte Formeln ihre Bedeutung. Man weiß nicht,
warum es geschieht, doch wenn es geschieht, passiert es einfach.

Davíð Oddsson, heute Ex-Zentralbankchef, schrieb nach
seinem Rücktritt zunächst Kurzgeschichten und legte Baumschulen an, ganz im Geiste alter Kaiser. Er zitiert gelegentlich seine Großmutter, und so manches, das sich im Leben
dieser Dame zutrug, ist in die isländische Sprache eingeflos-
sen, zum Beispiel der Butterflöckchentrick. Es war so, dass
besagte Großmutter eine Katze hatte. Dies stellte sich in
einem Fernsehinterview der Serie *Königinneninterview* heraus. Lange Zeit war Davíð für kein anderes Interview zu haben gewesen als dieses, bei dem sich Moderator und Gast zu
zweit allein gegenübersitzen. Es wird gemunkelt, dass ihm
dieses Arrangement gerade recht gewesen sei. Andererseits
wird behauptet, dass einige seiner Widersacher sich in seiner
Nähe geradezu in Luft auflösen. Das möchte ich gar nicht beurteilen, doch die Katze der Großmutter machte sich hin und
wieder auf die Jagd nach Vögeln und Mäusen und war dabei
grausam und unerquicklich, und da benutzte die Oma den
Trick, der Katze ein Butterflöckchen auf den Schwanz zu rei-

ben. Damit verging ihr Interesse an Mäusen und Vögeln im Handumdrehen, und sie konzentrierte sich statt dessen auf die Butter am Schwanz. Genau diese Methode, so Davíð Oddsson, habe er bei seinen politischen Gegnern häufig angewandt. Sobald sich deren Interesse auf irgendeine schwerwiegende Angelegenheit richtete, warf er ihnen eine andere, unbedeutendere vor und ließ sie ihrem Schwanz nachjagen. In der isländischen Politik heißt die Methode Butterflöckchentrick und wird dieser Tage sehr in Ehren gehalten.

So bemerkenswert sind Großmütter. Als Halldór Laxness 1955 den Nobelpreis für Literatur entgegennahm, handelte seine Ansprache vornehmlich von seiner Großmutter. Auch Gabriel García Márquez ist ein großer Omaverfechter und spricht davon, dass seine Großmutter die Grundlage zu seinem Werk legte. Viele andere könnten herangezogen werden. Auch ich zitiere oft meine Oma und greife wieder und wieder zu ihrem oben zitierten Satz: »Man wird langweilig, wenn man nicht an etwas Spannendes glaubt.« Meine Großmutter war eine arme Frau und kannte sich mit Krisen aus; doch nun, mitten in der Krise, soll nicht behauptet werden, dass die Leute langweiliger geworden wären. Ganz im Gegenteil. Es ist vielfach so, als wäre ihnen eine Bürde genommen worden. Nun teilen sich diejenigen mit, die die Pforte der Gesellschaft normalerweise still und ohne Gerede durchschreiten. Die Leute sind bereit, den Regierenden die Meinung zu sagen. Sie formulieren ihre Gefühle und Gedanken. Die Poesie der Seele taucht auf. Jetzt müssen wir das Gedicht in der Geschichte verändern. Nun müssen wir Einfluss auf die Geschichte nehmen, der Zeit eine Bedeutung verleihen, der Welt einen Ausdruck.

Das Regierungssystem dagegen hat die Sprache verloren.

Die Sprache der Regierungspolitiker ist auf einmal tot. Das ist auch früher schon oft passiert; es kommt zu Wertkrisen, wenn Terminologie und Verhalten der Obrigkeit plötzlich bedeutungslos in der Luft hängen. Warum nicht mal ein bisschen jammern, lamentieren über das Leben, das nichts anderes ist als ein Schatten, eine von einem Idioten erzählte Geschichte, voller Klang und Wildheit, Lärm und Wahn und Schall und Raserei. So ähnlich heißt es bei *Macbeth*. So geschah es in den osteuropäischen Staaten, als niemand der Obrigkeit Glauben schenken wollte, die mit ihren Vorzügen prahlte sowie einem höheren historischen Niveau, auf dem zu stehen sie vorgab, und so weiter und so fort. In den baltischen Ländern war es ähnlich, ebenso in Ländern mit einer starken Position der Kirche. Der Existentialismus, oft Jean-Paul Sartre zugeeignet, war die Antwort auf die Sprachlosigkeit großer Ideologien, des Katholizismus und des Kommunismus. Das liegt lange zurück. Heute kann man nicht sagen, dass isländische Politiker von großen Ideologien gebremst worden wären. In ihrem Lager hatte vielmehr völlige Einfallslosigkeit geherrscht, wenn sie nicht gar in der Terminologie des Kalten Krieges verhaftet waren. Und doch – einige Politiker waren Fürsprecher des skandinavischen Wohlfahrtsstaates und verteidigten ihn im entscheidenden Moment. Ferner war zu bemerken, wie zwei Politiker über ein und dasselbe Thema sprachen und sich dabei in die Haare gerieten. Am Ende ihrer Ausführungen fragte sich das Volk im Lande, wovon eigentlich die Rede war. Kein Mensch hatte etwas mitbekommen. Die spezielle Regierungspolitikersprache zeichnet sich durch verbale Strohmänner und Paragraphenspitzfindigkeiten aus, selten durch irgendeine Weltsicht. Von Moderatoren habe ich vernommen, dass sie eines solchen Geredes längst müde sind. Nun wollen sie Leute, die die Dinge nicht durch endlose Ausschuss-Erklärungen und Paragraphendeuteleien verwirren; Leute, die nicht in Paragraphen sprechen. Als Reaktion werden die Moderatoren mit E-Mails erbitterter Politiker und ihrer Sprecher überzogen. Jetzt müssen die Politiker die Sprachschule des Volkes besuchen, auf Bürgerversammlungen erscheinen und auf das hören, was wir zu sagen haben. Diese Versammlungen zu erleben war bemerkenswert, denn sie offenbarten die Kluft, die sich zwischen Regierenden und dem Volk aufgetan hatte.

Eigentlich haben die Politiker nur bestätigt, dass angesichts gültiger Gesetze nichts unternommen werden dürfe. Gesetze gelten nicht im nachhinein, auch nicht in der Stunde der Not. Man darf Investoren nicht verpflichten, ihre Schulden zu bezahlen, doch sie dürfen investieren. Man darf Superreiche nicht verantwortlich machen, ohne ihnen etwas nachzuweisen, doch es ist ein Ding der Unmöglichkeit, ihnen etwas nachzuweisen, weil die Verstöße im legalen Bereich stattfanden. Indirekt wird uns vermittelt, dass wir niemals zu unserem Recht kommen, es sei denn, wir setzen uns geschlossen auf die Schulbank und studieren Jura. In eine Firma einzubrechen ist ein Gesetzesverstoß, doch sie aller Werte zu entblößen ist legal. Diebstahl durch Täuschung ist legal. Es ist ganz in Ordnung, alte Leute zu täuschen und ihre Konten abzusahnen, doch es wird von Hexenjagd gesprochen, wenn Superreiche mit ihren zweifelhaften Aktionen in Verbindung gebracht werden. Wenn Nachrichten vermelden, dass kurz vor dem Zusammenbruch Milliarden Kronen aus den Banken verschwanden, dann wollen die Milliardäre wissen, woher die Informationen stammen, und drohen mit dem Anwalt. In den Gesetzen scheint sich das Wort Gerechtigkeit aufgelöst zu haben. *Schlecht ist ihre Ungerechtigkeit, noch schlechter ihre Gerechtigkeit*, sagte Jón Hreggviðsson, der Angelschnurdieb aus der *Islandglocke* von Halldór Laxness. *I fought the law and the law won*, sang Clash.

VIII Deshalb protestieren wir alle!

Im vorchristlichen Glauben wohnten die Götter in Asgard, und Asgard befand sich in Midgard, und dort waren die Menschen zu Hause. Hinter Midgard lag Utgard, die wilde Natur, die Einöden und Felsen, und sie reichten bis ans Meer. In Utgard lebten die Riesen, die Feinde der Götter. Die Riesen behaupteten, sie seien älter als die Götter, und die Welt gehöre rechtmäßig ihnen.

Ich habe nicht vor, mich auf das Glatteis der Götterforschung zu begeben, verweise vielmehr auf Thesen von Fachleuten, die besagen, dass das vorchristliche Weltbild einem isländischen Bauernhof entspreche, der isoliert draußen in der Weite steht, in ständiger Auseinandersetzung mit einem unsanften Klima. Jahrhundertelang war Island eine Agrargesellschaft und Bauern bildeten die einzige verwurzelte Gesellschaftsgruppe, auch wenn sie in den letzten Jahren, nicht anders als manche Vogelarten, ständig vom Aussterben bedroht sind. Midgard, Utgard, der Hof und die Einöde. Zu Beginn des 20. Jahrhunderts traten die Fischerdörfer als Stellvertreter der bösartigen Riesenwelt hervor, die der Agrargesellschaft zusetzten und ihre Auflösung beschleunigten. Die Fischerei zog junge Männer von Midgard nach Utgard, wo die Verderbtheit grassierte, im Gegensatz zum gesunden und kulturbeflissenen Landleben. Nach dem Zweiten Weltkrieg änderte sich dieses Muster dahingehend, dass sich jetzt die Hauptstadt und das flache Land zu gegensätzlichen Polen entwickelten, wenn auch die Voraussetzungen andere waren.

Unser enger Kontakt mit der Vergangenheit beruht nicht zuletzt auf der Tatsache, wie jung wir als selbständige Nation sind, oder besser gesagt, wie neu die Gegenwart in Island ist. Hier gibt es keine dreihundertjährige Industriegeschichte, keine Feudalen, die jahrhundertelang in Reichtum und Seelennot lebten. Krankheiten, die anderswo die isolierte Oberschicht quälten, haben in Island vornehmlich Bewohner der abgelegensten Fjorde betroffen. Unsere Geschichte ähnelt jener der Dritten Welt insofern, als ihr größter Teil Kolonialgeschichte ist; die Gegenwart brach unvermittelt über uns herein, kollidierte heftig mit der Vergangenheit und verschmolz gleichzeitig mit ihr. Wir haben also zwei Epochen erlebt und wohnen in zwei Welten. Dies ist der Kern isländischer Kultur – in der Umarmung der Vergangenheit liegend und zugleich die Zukunft umfassend, keinen Widerspruch zwischen alter Weisheit und technischen Errungenschaften zu sehen. Dies zeigt sich unter anderem in unserer Erzählkunst, deren Einflüsse aus klassischen Geschichten und aus dem Herzen der Gegenwart stammen.

In voller Übereinstimmung damit verfügen Isländer über zwei Sprichwörter, die sich auf den ersten Blick zu widersprechen scheinen. Das eine lautet: *Dumm ist, wer daheim hocken bleibt,* und das andere: *Daheim ist es am besten.* In Wahrheit bedeutet dies, dass wir weggehen und wiederkehren sollen; mit anderen Worten: Wir sollen offen sein für die Welt und unseren eigenen Garten hegen. Das Wort dumm, *heim*skur, gilt in Island einer Person, die nicht von da*heim* weggeht. Provinziell heißt *heim*óttarlegur, wenn man nirgends als da*heim* aufblüht und anderswo verunsichert ist. Viele Leute meinen, dass die Internationalisierung diesen Widerspruch aufgehoben hat, dass man weder daheim ist noch woanders, doch durch die Jahrhunderte bedeutete es für uns Isländer, dass wir als selbständige Nation in ständigen Kontakt mit der Umwelt, mit anderen Nationen treten sollen. Nun scheint es aber, als ob die Unabhängigkeit keine Rolle mehr spielt, denn sie ist sowieso flötengegangen; die Maßstäbe für Unabhängigkeit waren in den letzten Dekaden ausschließlich wirtschaftlicher Natur, und Handel und Wirtschaft sind in ihrem Wesen international. In *Die Litanei von den Gottesgaben* von Halldór Laxness sagt der Bolschewist zum Erzähler: »Welch ein Elend, ein Kleinstaatler zu sein, sagt Engels an einer Stelle, so viel ich mich erinnere in einem Brief aus London. Zum Beispiel traf ich vor einiger Zeit einen Isländer, … der mir sagte, dass seine schönsten Jugenderinnerungen geknüpft seien an den Geruch von verrotteten Rückständen der Trankocherei am Strand und von madigen Dorschköpfen, die zum Trocknen auf den Steinmauern lagen.«

Vielleicht können wir Isländer uns glücklich preisen, dass wir dem Deutschen Friedrich Engels kein Denkmal errichten mussten, inmitten von wurmstichigen Kabeljauköpfen und gammeligem Tran am Strand des gischtkalten Lebens, und man könnte weitere Sendungen aus Deutschland und anderen mächtigen Nationen nennen, auf die man gut verzichten kann. Andererseits ist es unumstritten, dass eine der Wurzeln unseres Unabhängigkeitskampfes in der deutschen Romantik liegt sowie im Kampf der Gewerkschaftsbewegung des letzten Jahrhunderts, jenes Kampfes, der das Wohlfahrtssystem etablierte und historisch nicht von den Ideen von Marx und Engels über den Sozialismus und die Macht der Arbeiterschaft zu trennen ist, wie immer deren Haltung gegenüber Kleinstaaten auch ausgefallen sein mochte.

Wenn wir vor dem Parlament auf dem Platz Austurvöllur

demonstrieren, erklingen gewissermaßen alte Stimmen, so wie im Schamanismus oder bei Séancen. Nicht zuletzt spricht Jón Sigurðsson zu uns, jener Nationalheld, der den Unabhängigkeitskampf gegen Dänemark anführte. Er formte unsere Vorstellungen von Selbständigkeit und Freiheit, zusammen mit den Fjölnismenn, romantischen Dichtern und Denkern, die uns unser Land zurückgaben, die Schönheit und die Geschichte. Sie reanimierten unsere Sprache, schufen romantische Begriffe für das Firmament und die Gestirne, die Pfade der Liebe und all so was. Unsere Vorstellungen von Freiheit und Selbständigkeit sind verwoben mit unseren Vorstellungen von der Natur, der Dichtkunst und sogar der Liebe. Wir protestieren alle!, sagte Jón Sigurðsson auf der Nationalversammlung 1851, bei der wenig Rücksicht auf den isländischen Wunsch, die eigenen Angelegenheiten selbst zu regeln, genommen wurde. Die Nationalversammlung endete damit, dass sich alle von ihren Sitzen erhoben und protestierten und dass Jón Sigurðsson zum unumstrittenen Anführer der Nation wurde. Nun steht er als Statue vor dem Parlamentsgebäude und betrachtet die Demonstrationen; die früheren, die jetzigen und die kommenden. Bei allen Demonstrationen ist Jón Sigurðsson zur Stelle. Er kann nicht anders. Manchmal kommen viele Demonstranten, manchmal wenige, stets sind sie mutig. Kraft. Wir protestieren alle! Der Satz ist zu einem geflügelten Wort geworden, obwohl Isländer keine lebhaften Demonstranten sind, oder richtiger, es muss eine ganze Menge passieren, bis wir demonstrieren. Insbesondere in den letzten Jahren. Die Parole: Wir protestieren alle!, so wie Jón Sigurðsson sie benutzte, ist natürlich ein wenig feierlich, aber sie umfasst alle, Frauen wie Männer, und deshalb protestieren wir alle.

Aber wogegen wurde protestiert? Oder sollte man besser sagen: Wogegen wird protestiert? Vielleicht protestiert jeder gegen etwas anderes, doch manchmal vereinigt sich der ganze Widerstand zu einem gemeinsamen Strom. Wenn man es genau betrachtet, dreht sich der Protest um Gerechtigkeit; Gerechtigkeit, die vom Geldadel dieses Landes und seiner Regierung untergraben wurde. Zunächst lauteten die Forderungen: »Weg mit der Regierung und den Führungsgremien im Finanzaufsichtsamt und der Zentralbank.« Diesen Forderungen wurde entsprochen, und doch wieder nicht; sie wurden formell erfüllt, aber nicht inhaltlich. Es fehlen Maßnahmen, Veränderungen. Es ist beispielsweise kaum erkenntlich, ob sich im Finanzaufsichtsamt etwas geändert hat, nachdem die Führungsspitze ausgetauscht worden ist. »Stimmen des Volkes« nennt sich jene Kraft, die die Demonstrationen auf Austurvöllur organisierte. Jeden Samstag fanden Demonstrationen statt, in Verbindung mit weiteren Forderungen: Das Vermögen des Geldadels einfrieren, die Inflationsbindung der Kredite aufheben, die Fischfangrechte wieder verstaatlichen. Sodann gab es Neuwahlen, und die Demonstrationsserie wurde unterbrochen. Die allgemeinen Demonstrationen erhielten den Beinamen »Front gegen den Zustand«, denn der Zustand ist verzweigt und betrifft alle Bereiche des öffentlichen Lebens.

Als die Demonstrationen unmittelbar nach dem Zusammenbruch der Banken einsetzten, war allseits klar, dass die Regierung Geir Haarde die Lage so interpretierte, als hätte sie eher einen Krieg mit dem Volk im Lande auszutragen als mit dem Zustand, in den sie das Volk geführt hatte. Sie machte alle Fehler, die nur möglich waren. Anstatt Berater aus allen Richtungen heranzuziehen und ihre Vorschläge ernst zu nehmen, schloss sie die Türen und bat um Ruhe. Die Regierung gab vor, Rettungsmaßnahmen einzuleiten, uns aus der Schneewehe zu schaufeln, den Schoner wieder flott zu machen, und so weiter und so fort, doch das Volk hatte das Gefühl, dass die Regierung sich selbst, ihre Freunde und Verwandten retten wollte. Wir bekamen gleich gesagt, dass man niemanden antasten dürfe, der uns in die Misere gebracht hatte. Dazu passte auch die Haltung Geir Haardes gegenüber dem Volk im Lande; Pöbel war das Wort, das er benutzte, wie oben bereits erwähnt. Parallel dazu verfiel die Regierung in völlige Willenlosigkeit, auch nur die geringste Verantwortung für jenen Zustand zu übernehmen, vor dem sie gewarnt worden war und gegen den sie nichts unternommen hatte. Allein die Tatsache, dass Geir Haarde und Außenministerin Ingibjörg Sólrún Gísladóttir mit Milliardären draußen in der Welt als Public-Relations-Vertreter eines völlig korrupten Bankwesens auftraten und es verteidigten, anstatt unverzüglich Maßnahmen zu ergreifen, machte sie gänzlich unfähig, uns aus der Klemme zu befreien, in die sie uns gelotst hatten. Dies entspricht jener zeitgenössischen Haltung, wonach sich alles um Imagebildung dreht, dass du das bist, was andere von dir halten, oder richtiger, dass du das bist, wovon du andere überzeugen kannst.

Genau so sieht das Resultat der freien Marktwirtschaft und des Flirts der Sozialdemokraten mit ihr aus. Wenn es sich um eine Sorgerechtsfrage handeln würde und die Regierenden unsere Eltern wären, hätte man sie für unfähig erklärt und das Jugendamt eingeschaltet. Die Regierung betrachtete die Demonstranten als Pöbel und Problemkinder. Die internationale Gemeinschaft nahm Islands Regierungsvertreter wegen der augenscheinlichen Korruption ebenfalls nicht ernst. Wenn

Minister und Staatsbeamte irgendwo auftraten, fragten Vertreter anderer Nationen: Seid ihr schon wieder da? Wir dachten, ihr wärt zurückgetreten oder abgesetzt worden.

An der Oberfläche war Island eine glatte und schöne Wohlfahrtsgesellschaft, doch darunter brodelten Korruption und Unfähigkeit. Solange alles gut lief, passierte nichts, doch sobald etwas schiefging, ging gar nichts mehr. Die ausführende Gewalt hatte viel zuviel Einfluss auf den Gesetzgeber. An die Stelle von Demokratie war Parteidiktatur getreten. Es ging vorrangig darum, an die Fleischtöpfe zu kommen und Parteigenossen Ämter zuzusichern. Das bedeutete, dass unfähige Personen in die Parteien strömten – Leute, die ihr Parteibuch als eine Art Diplom und Gütesiegel betrachteten. So ist es nicht verwunderlich, dass das alte System um sein Überleben kämpfte und immer noch kämpft. Die Krise sollte auf das Volk im Land abgewälzt werden, und danach sollte es weitergehen, als wäre nichts geschehen. Die Angelegenheit der ICESAVE-Konten indes ist derart verwickelt, dass sie nicht mit einem Schwerthieb oder jenem klassischen Selbstmitleid, dass man uns ja so übel mitspielt, gelöst werden kann. Wie die Regierung sich auch an ihre Vergangenheit klammerte, so wurde ihr doch letztlich der Stuhl vor die Tür gesetzt. Diesmal war die Rechnung zu hoch, die Krise zu umfassend. Die Oberschicht kam mit ihren eigenen Transaktionen nicht mehr zurecht. Deshalb muss nun schlicht und einfach die Buchhaltung der Wahrheit offengelegt werden, um alles ins rechte Licht zu setzen und jene, die uns in dieses Dilemma brachten, die Rechnung begleichen zu lassen. Und es war ganz klar, dass das Finanzaufsichtsamt nicht so weitermachen konnte wie gehabt – als eine Art Werbebüro der Privatwirtschaft. Es wurde behauptet, dass die Amtsleitung der

Finanzaufsicht mit den Aufsichtsräten der Banken auf der Empore säße – möglicherweise jener Tribüne, die noch nicht bezahlt ist und jetzt in die Konkursmasse der Expansionswikinger fließt. Das Finanzaufsichtsamt schluderte in Fragen wie ICESAVE und anderen ausländischen Anlagekonten, sogar noch, als es schon steil bergab ging. Es begrüßte sogar die Einrichtung von ICESAVE-Konten, weil die Banken damit ihre Situation stärkten. Als fähige Mitarbeiter beim Finanzaufsichtsamt antraten und anfingen, Fragen zu stellen, wurde ihnen unverzüglich eine wesentlich höher dotierte Stellung in den privatisierten Banken angeboten, und die Stimmung in der Öffentlichkeit akzeptierte derartige Winkelzüge als völlig normal. Während die Behörden keinen dieser Fälle angingen, wälzte sich die Realität über das Volk in Form von Schulden und Arbeitsplatzverlust. Tausende standen und stehen am Abgrund der Verzweiflung und starren in die gähnende Tiefe, doch von der Regierung kam kein einziges Wort. Deswegen protestierten wir auch dann noch, als wir Pöbel genannt wurden und die öffentliche Aufmerksamkeit sich auf Eier an der Wand des Parlamentsgebäudes und andere Nebensächlichkeiten richtete. Dass hin und wieder Eier flogen, geht auf die Initiative einiger Aktionisten zurück, und einmal wurde die Firmenfahne der Bónus-Discountkette, die Teil des bankrotten Baugur-Konzerns war, auf dem Althingsgebäude gehisst. Das geschah, als während einer der Demonstrationen eine Ansprache ihr Publikum verfehlte, worauf dieses sich dem jungen Anarchisten freudig zuwandte, der eine Woche später festgenommen, von der Masse aber wieder befreit wurde.

Gleich zu Beginn der Demonstrationen fiel der Regierung immerhin ein Mittel ein. Sie engagierte zu ihrer Unterstützung einen norwegischen Militärberater namens Björn

Richard Johansen. Er erschien am 7. November 2008 auf den Fernsehbildschirmen und erklärte über den öffentlichen Rundfunk, dass es in Island Notstandspläne bei Naturkatastrophen, jedoch nicht bei Finanzkatastrophen gäbe; und dass nun nach Notstandsplänen der NATO vorgegangen würde. Irgendwann bedeuteten Notstandspläne der NATO Ausnahmegesetze, was die Griechen 1967 zu spüren bekamen. Jener Plan wurde »Operation Prometheus« genannt. Wie wird unserer heißen? Finale Operation? Während Johansen sprach, liefen zwei Bildsequenzen im Hintergrund – eine von einer Massendemonstration auf der Straße Bankastræti, die andere vom Verein des vorchristlichen Glaubens bei einer religiösen Zeremonie. Jeden Samstag wird im öffentlichen Fernsehen eine Satiresendung ausgestrahlt, *Spaugstofan*, in der Ereignisse der verflossenen Woche durch den Kakao gezogen werden. Als der norwegische Militärberater auf dem Bildschirm erschien, hätte man glauben können, die Programmleitung des Fernsehens hätte die Wochentage verwechselt und der Typ auf dem Bildschirm sei eine Witzfigur; schließlich gab er an, Ministerpräsident Geir Haarde das Auftreten vor der Presse und gewisse Interviewtechniken beibringen zu wollen. Johansen hatte eine Art Dale-Carnegie-Kurs für die Regierung parat, aber nichtsdestotrotz beharrte Geir Haarde bei Pressekonferenzen auf seinem Schweigen. Meistens hatte er Wirtschaftsminister Björgvin G. Sigurðsson dabei, und Spötter unter den Zuhörern nannten ihn Bauchredner, weil er kaum etwas anderes tat, als die dürftigen Worte Geir Haardes zu wiederholen. Mag sein, dass Johansen dahintersteckte, als der Ministerpräsident die friedlichen Demonstranten Pöbel nannte. Das soll dahingestellt bleiben. Der Ministerpräsident nannte die Bürger des Landes Pöbel. Ich gehöre dazu. Genau an diesem Punkt stand die Regierung Haarde exakt in den Spuren der SED im Jahre 1953, als Arbeiter protestierten und Demokratie forderten. Weil das Volk, das er Pöbel nennt, ihn nicht will, sollte er sich ein anderes Volk suchen. Und deshalb war es auch nicht verwunderlich, dass wir – rund um die Statue des Nationalhelden versammelt – ausriefen: »Wir protestieren alle!«

Bei genauerer Betrachtung zeigte sich, dass der norwegische Militärberater Geir Haardes schon als ehemaliger Berater von Bjarni Ármannsson, dem Improvisationsmeister der Glitnirbank, fungiert hatte. Er wurde von Bjarni gefeuert und sahnte unermessliche Summen als Abfindung und allerhand Boni ab, ehe er Island verließ und in Norwegen Fuß fasste. Allein diese Vergangenheit macht seine Anwesenheit unzumutbar. Björn Richard Johansen wurde als Abteilungsleiter der Investitionssparte von Glitnir in Norwegen tituliert, und aus Presseberichten von 2007 geht hervor, wie er sich auf ausländischem Boden damit hervortat, das isländische Bankengefüge reinzuwaschen. Und dann tauchte er erneut auf und gab an, den NATO-Notstandsplan in der Tasche zu haben. Braucht man weitere Belege? Hier handelte es sich eindeutig um eine Beleidigung des Volkes. Über diesen Zusammenhang verfasste ich einen Artikel auf der Internetseite *NEI* (Nein) und forderte die Minister zu einer Stellungnahme auf, oder zumindest ihre Staatssekretäre, doch aus dieser Richtung kam kein Mucks. Die ganze Angelegenheit erhellt vorzüglich, welche Kräfte an der Macht gewesen waren, an der Macht sind und an die Macht wollen; und diese Grundvoraussetzungen haben sich nicht verändert, auch wenn es uns gelungen ist, die Regierung zu vertreiben. Die isländische Allgemeinheit soll den Dreck dieser Clique, die an ihrer

Macht klebt, über Generationen beseitigen. Man hat uns bis über beide Ohren verschuldet, uns zu Bürgen in ferner Zukunft gemacht, und wenn wir dagegen protestieren, wird uns der Pöbelstempel der Regierung aufgedrückt. Der Schaden soll nicht durch diejenigen, die ihn verursacht haben, ausgeglichen, sondern ein weiteres Mal auf die Allgemeinheit abgewälzt werden. Doch die Allgemeinheit sagt NEIN. Deshalb protestieren wir alle. Und die Regierung des Landes und die Schicht der Reichen wollen uns nicht nur unser Geld nehmen, die Immobilien, die Arbeitsplätze und das Selbstwertgefühl, sondern uns auch zu Prügelknaben machen. Der Polizeichef Islands hatte bereits Spezialfahrzeuge seiner dänischen Kollegen beantragt. Diese standen auf Abruf am Hafen von Århus und stehen wahrscheinlich noch dort, denn es kam zu einer Kehrtwendung, als die Topfdeckelrevolution den Sieg davontrug und die Regierung zurücktrat. Weil wir alle protestierten.

Ein kleiner Junge, der mit seinem Vater unterwegs war, sah eine Fahne auf Halbmast. Er fragte seinen Vater nach dem Grund. Der Vater erklärte, dass wohl jemand verstorben sei. »Ach so«, sagte der Junge, »er konnte wohl die Fahne nicht mehr ganz hochziehen.« So war es mit der Fahne der Regierung. Sie hing auf Halbmast. Das konnten sowohl Väter als auch Söhne erkennen und brauchten dafür keine Erklärung. Die Regierung zappelte sich ab, konnte sie jedoch nicht hissen, trotz des Beistandes eines norwegischen Militärberaters und aller anderen Stegreifkünstler. Die Regierung Haarde konnte auch mit längst vergessenem Glitnir-Hokuspokus oder anderen Rettungstricks eines Bjarni Ármannsson nicht wiederbelebt werden.

Am Nationalfeiertag 2008, dem 17. Juni, begab ich mich

zum Austurvöllur und sah die Regierungsmitglieder vor der Statue von Jón Sigurðsson sitzen, welcher am 17. Juni 1811 geboren wurde. Ich wollte die Festlichkeiten einsaugen und die Botschaften der Landesväter vernehmen, doch die Ernte war ziemlich mager. Und nun weiß ich, warum diese Nationalfeiertagsversammlung mir und anderen, die dort waren, so viel Enttäuschung bescherte. Die Regierung wusste, wie es ausgehen würde. Da wurde nicht die Gründung der isländischen Demokratie gefeiert. Es war ihre Beerdigung. Die Ansprache von Geir Haarde war bar jeder Inspiration, und Außenministerin Ingibjörg Sólrún war wie abwesend; als sei sie in einem anderen Land oder in Gedanken bei ihren Pflichten. Vielleicht flanierte sie mit Condoleezza Rice und rettete die Welt aus den Klauen übler Kräfte, wie sie es einige Wochen zuvor getan hatte, oder sie paktierte mit zweifelhaften Regimen und suchte um Unterstützung der isländischen Bewerbung zum Weltsicherheitsrat nach. Dieser Antrag zählt zu den missglücktesten Vorhaben isländischer Machthaber auf internationalem Parkett. Sie verbrieten Hunderte von Millionen in eine völlig abwegige Kandidatur und landeten bei der Abstimmung auf einem der hintersten Plätze. Am schillerndsten wirkte Industrieminister Össur Skarphéðinsson, genau wie vor dreißig Jahren, als er Sitzungen des Studentenrates leitete, grinsend und angeberisch, mit den Gedanken möglicherweise bei einem seiner heiteren Nachtblogs. Den Beitrag des Präsidenten zum Nationalfeiertag habe ich vergessen, doch irgendwo in der Ferne begannen die Demonstrationen.

Ist es mir nicht gelungen zu erklären, weshalb wir alle protestieren, wogegen wir protestieren und weshalb wir die Proteste fortsetzen wollen? Wir protestieren gegen die Machthaber, das Finanzsystem und die Schicht der Kapitalisten, welche unermessliche Reichtümer an sich gerissen, unser Selbstwertgefühl verspielt hat und keine Regung zeigt, etwas zu verbessern. Im Gegenteil, sie scheint bereit zu sein, das Spiel zu wiederholen. Wenn man jüngsten Nachrichten Glauben schenken darf, hat diese Kapitalistenschicht nichts anderes im Sinn, als ihre eigene Haut zu retten, wozu sie Informationen aus Bankkreisen benutzt. Die Superreichen verweisen einer auf den anderen, und so wirkt auch das System. Diese Leute, die von uns verlangen, das Problem nicht zu personifizieren, können selber nichts anderes, als es zu personifizieren. Zugleich stehen die Sozialdemokraten wie Erdkundelehrer da und zeigen uns, wo Europa liegt, während die Selbständigkeitspartei irgendwo zwischen Kaimauer und Schiffsrumpf im Wasser dümpelt und jenen Butterflöckchentrick praktiziert, den sie von Davíð Oddsson übernommen hat, also von etwas anderem reden als von der Hauptsache. Unterdessen wird die Problematik, so wie sie sich darstellt, nicht thematisiert. Der Zustand hat keine technischen Ursachen. Hier liegt ein gesellschaftliches Geschwür zugrunde, bestehend aus Geldadel, allen politischen Parteien der letzten Jahre, der Kontrollinstanzen und den Geldinstituten. Die Fortschrittspartei verkündet unermüdlich, dass sie keinen Anteil an der gefallenen Regierung hatte; das wissen wir sehr wohl, doch geht sie nie auf ihren Anteil an der Privatisierung ein, und wie sie ihren Anhängern enorme Werte auf dem Silbertablett überreichte.

Island befindet sich in einer politischen Krise, ob die Politiker das nun erkennen oder nicht. Diese Krise hätte man am politischen Chaos, das im Stadtrat von Reykjavík herrschte, ablesen können. Man braucht nur die korrupte Haltung der

Ratsmehrheit in Gesundheitsfragen zu betrachten, die in Anträgen von Jórunn Frímannsdóttir zum Wohnproblem von Drogen- und Alkoholabhängigen kristallisierte; einem Schulbuchbeispiel der nationalen Krise. Anstatt jene Angelegenheit in die Hände bewährter Fachleute zu legen, die erstaunlich positive Ergebnisse und weltweite Anerkennung auf dem Sektor der Suchttherapie erreicht hatten, wurde sie einer Baugesellschaft übertragen, die zuerst die Kassen melkte, dann pleite ging und unbewohnbare Bauruinen hinterließ. Doch das Bild des Stadtrates ist nur ein Abklatsch angesichts des Trauerspiels, das sich auf Landesebene entfaltet. Die Demonstranten auf Austurvöllur und an anderen Orten Islands teilen sich nicht in politische Gruppierungen. Sie bilden eine autonome Bewegung der Masse. Wir protestieren gegen den Zustand, wie wir ihn definieren. Es war an der Zeit, dass das Volk seine Stimme erhob, und wir hätten schon früher protestieren sollen – doch spät ist besser als nie. Deswegen treffen wir uns am Denkmal von Jón Sigurðsson und protestieren alle.

Was sind das für Zeiten,
wo ein Gespräch über Bäume
fast ein Verbrechen ist –
weil es ein Schweigen
über so viele Untaten einschließt.
Wer da geruhsam über die Straße geht,
ist seinen Freunden in der Not
nicht mehr zugänglich.

So ähnlich dichtete Bertolt Brecht in den finsteren Zeiten des Faschismus. Welche Finsternis zieht nun herauf? Vielleicht ist es das Schlimmste, wenn man jetzt in der Krise sagt: Das geht mich nichts an. Ich habe nichts verloren. Soll damit gesagt werden, dass man nicht länger bereit ist, seinen Freunden in Not zu helfen? Oder: Ich war nicht so dumm wie andere. Die meisten von uns dürften wohl erkennen, dass ihnen die Probleme nahegehen. Leute mittleren Alters haben Kinder, die Immobilien kauften, Kinder in der Ausbildung, und so weiter. Wer alt geworden ist und sein Leben lang für die Rente sparte, hat sein ganzes Erspartes vielleicht auf einem falschen Konto angelegt. Alle haben tief verschuldete Freunde oder sind selbst verschuldet. Unter derartigen Verhältnissen verliert das alte Sprichwort vom Menschen, der des Menschen Freude ist, an Bedeutung. Oder gewinnt es etwa unter derartigen Verhältnissen?

Die Machthaber sagen nicht: Wir leben alle auf einem Planeten; vielmehr sagen sie: Dies ist unsere Welt, hier leben wir, die anderen sollen in ihrer Welt leben. So ist die Welt: wir und die anderen. Es ist von Öl die Rede und von Religionen. Jedenfalls gibt es etwas, das WIR UND DIE ANDEREN heißt. Wir Isländer sind im Handumdrehen zu den anderen geworden. Die meisten von uns wünschen sich immer noch, dabeizusein, zur Gruppe der Wohlhabenden in der internationalen Gemeinschaft zu zählen. Dieser Wunsch hallt in der Forderung nach einem EU-Beitritt deutlich nach, sei es bewusst oder unbewusst. Doch warum verbünden wir uns nicht mit den anderen, gruppieren uns mit den armen Völkern? Dann müssten wir unsere NATO-Mitgliedschaft kündigen und den Internationalen Währungsfond zum Teufel jagen. Ob das eine gute Idee ist? Ich erwähne sie als Möglichkeit, wissend, dass sie restlos ausgerastet erscheinen mag – vielleicht aus Vorurteilen? Ist unser Selbstbild allzusehr an reiche Nationen geknüpft? Stehen wir möglicherweise Venezuela und Bolivien näher als etwa den Vereinigten Staaten von Amerika, Deutschland oder England? Unser gesellschaftliches System ist nicht viel anders als das von Mexiko. Der isländische Geldadel wurde mit russischen Oligarchen verglichen, auch mit mexikanischen Drogenbaronen. Darauf werde ich später noch eingehen. Eine durch und durch korrupte Oberschicht hielt alles in der Hand, und nun müssen wir entscheiden, ob es dabei bleiben soll. Wenn wir uns dagegen entscheiden – wie wird die Reaktion der internationalen Gemeinschaft dann ausfallen? Dabei ist zu beachten, dass die von uns so bezeichnete internationale Gemeinschaft in Wirklichkeit nur aus einer Handvoll Staaten besteht.

Im Kinofilm *Caché* von Michael Haneke erleben wir die französische Mittelschicht mit ihrer freizügigen und angenehmen Lebensart, den Talkshows und Einladungen zum Abendessen. Der Hausherr hat einen Adoptivbruder aus den Tagen des Algerienkrieges und hatte sich seinerzeit dafür verwendet, ihn abzuschieben. Danach brauchte er sich nicht mehr um ihn zu kümmern oder an ihn zu denken. Doch der verstoßene Bruder taucht in unangenehmen Träumen auf, die auch real sein könnten. Er ist der Slum im Inneren des Hausherrn, der im Fernsehen moderiert und ein bekannter sowie anerkannter Mann ist. Ich glaube, dass man an diesem kleinen Beispiel ein wenig den Kern des sogenannten Religionskriegs der Gegenwart ablesen kann. Oberflächlich betrachtet dreht sich die Diskussion um dänische Karikaturen und Pressefreiheit, der Kern aber sind Lebensgewohnheiten und daraus resultierende Auseinandersetzungen. WIR stehen den ANDEREN gegenüber. Sie hassen uns, wir fürchten sie. Sie dürfen Fisch filetieren, Böden putzen – und dann sollen sie bloß machen, dass sie heimkommen. Tschüs! Solche Haltungen tauchen immer wieder auf. Doch was passiert, wenn Einheimische sich bereitfinden, Fisch zu filetieren und Böden zu schrubben? Wenn Arbeitgeber zwischen Einheimischen und Einwanderern wählen können? Das ist eine bemerkenswerte Situation. Wie werden wir sie meistern? Man kann auf Vorurteile hinweisen, aber man kann sie nicht unterbinden. Die Vorurteile bleiben, auch wenn die Terminologie ausgewechselt wird. Es ist die Denkweise, die ausgewechselt werden muss. Wir müssen reif werden.

Ich glaube, dass es in Zeiten wie diesen auf Solidarität ankommt. Wir müssen alle zusammenhalten. Alle protestieren. Wir kennen das Gedicht von Martin Niemöller vom Mann, der nicht protestierte, als die Kommunisten verhaftet wurden, weil er kein Kommunist war; auch nicht, als die Sozialdemokraten und die Gewerkschaftsvorsitzenden festgenommen wurden, weil er nicht zu ihnen gehörte; nicht, als die Juden deportiert wurden, weil er kein Jude war; nicht, als die Schwulen verhaftet wurden, weil er nicht schwul war; doch als er selber festgenommen wurde, war niemand mehr da, um zu protestieren.

IX   Das Gesicht der Korruption

Wenn wir in einer Gesellschaft leben, in der man die Wahrheit nicht aussprechen darf – stimmt dann etwas mit der Gesellschaft nicht oder mit der Wahrheit?

Ähnlich ist es mit dem Volk und dem Parlament: Wenn sich das Volk kein Parlament wählen darf, sollte das Parlament sich dann ein Volk erwählen?

Diese Fragen gehen auf ein Gedicht von Bertolt Brecht aus Anlass des Arbeiteraufstandes 1953 in Ostberlin zurück. Er fand am 17. Juni statt, was für Isländer Symbolgehalt hat, denn dieser Tag ist ihr Nationalfeiertag. Im Jahr 1953 war die isländische Demokratie neun Jahre alt. Sie wurde am 17. Juni 1944 im Regen durch eine außerparlamentarische Regierung auf dem historischen Thingfeld Þingvellir gegründet. Nach dem Zusammenbruch 2008 schien einer unserer Minister bereit gewesen zu sein, das Volk, die Nation auszuwechseln. Jedenfalls sagte er zu uns, die wir als aktive Bürger eine demokratische Bürgerversammlung besuchten: Ihr seid nicht das Volk. Wir fragten: Wo ist das Volk?

Ja, so ist es mit der Wahrheit und der Gesellschaft. Hättet ihr nicht besser ganz ehrlich eingestanden, dass ein unachtsames Wort den Zusammenbruch heraufbeschwören könnte und ihr es deshalb vorzieht, uns anzulügen? Ihr Regierenden gleicht einem Ehepaar, das ausgehen will, obwohl im Wohnzimmer Feuer ausgebrochen ist. Vielleicht wartet draußen ein feister Millionär in seiner Limousine, der möchte, dass ihr ausländischen Partnern seine Immobilien und Betriebe anpreist. Ihr habt ihm versprochen, davon zu berichten, wie schön er wohnt; ihr wollt den Slum in seinem Innern aber verschweigen, auch dass er in Wirklichkeit ein Proletarier der Seele ist, dass Geld ihn zum Affen machte und seine Geschäfte hoffnungslos sind. Nein, ihr sollt sagen, dass er in einem soliden und schmucken Haus wohnt, wesentlich solider und schmucker, als andere glauben. Wenn ihr wieder heimkommt, steht alles in hellen Flammen. Ihr trefft einen Mann in Feuerwehruniform. Er sagt, er sei von der Zentralbank, ihr aber glaubt, er ginge gerade auf einen Maskenball, und weil das alles so lustig ist, wisst ihr nicht, ob es Juni oder Juli ist, oder ob er gerade aus dem Telefon zu vernehmen ist oder real. Und innerhalb kurzer Zeit ist alles abgefackelt. Obwohl ihr selbst Feuerwehrleute wart, die Brandschutzvorschriften verfasst und akzeptiert hattet. Dieser Zustand ist vergleichbar mit dem Song »Desolation Row« von Bob Dylan; da aber weiß man, dass alles vorbei ist und die Wunder nackt über die Bühne gehen. Falls dies jemand ungereimt vorkommt: Es basiert restlos auf Realität. Die Regierenden belogen uns – entweder weil sie glaubten, dass wir Dummköpfe sind, oder weil sie glaubten, es wäre unser Bestes.

Wie oft wurde uns beispielsweise schon gesagt, der Tiefpunkt sei erreicht? Dennoch stürzen immer mehr Bürger ins finanzielle Nichts, und wenn wir am Tiefpunkt aufprallen, öffnet sich eine neue Kellertür. Im Frühjhar 2008 verlautbarte Geir Haarde, der Tiefpunkt sei erreicht. Seitdem wurde der Tiefpunkt immer weiter abgesenkt. Ob er in Island zu lokalisieren ist oder in irgendeiner Devisenmarktwirtschaftshölle, wo bankrotte Bands zum Tanz aufspielen und Nasdaqbürger Licht in Säcken mit dem Emblem maroder Konzerne hereintragen, das wird die Zeit zeigen – wenngleich sie es in Wirklichkeit bereits getan hat. Es ist in der Tat interessant, wie stark die Diskussion vom Konsum geprägt ist. Ingibjörg Sólrun Gísladóttir forderte, die Süchtigen zum Entzug zu schicken. Welche Süchtigen? Das Volk? Jedenfalls wird der Geldadel nicht herangezogen, der seine Schulden abschreiben kann und gelegentlich Eigentum an sich reißt; auch die Pressekonzerne, die Berlusconi-Demokratie des Baugur-Konzerns, bleiben unangetastet, zeigen immerfort ihre Krallen und stellen ihre biedere Oberfläche zur Schau, ihr lächelndes Diktat. Der Konzern hat zwar Insolvenz angemeldet, doch ein Großteil der Medien befindet sich nach wie vor in seiner Hand. Ab und zu lüften die Besitzer ihre Medien aus, entledigen sich schlechter Reporter und kritischer Moderatoren. An ihrer Stelle werden frohgemute Jugendliche engagiert, natürlich einzig und allein aus Rationalisierungsgründen.

Eine These der Alkoholikerbehandlung lautet, dass man mit beiden Händen kapituliert, wenn der Tiefpunkt erreicht ist. Kapituliert man nur mit einer Hand, glaubt Bacchus, man würde ihm winken. Wir haben eine Regierung, die den Tiefpunkt seit langem erreicht hat, aber nicht aufgibt – vielleicht winkt sie mit einer Hand, keinesfalls mit beiden. Die Regierung Haarde erkennt ihre Ohnmacht nicht an, ebensowenig ihre Unfähigkeit, die Angelegenheiten des Landes zu leiten. Nein, gemäß einer altbekannten Methode wird die Putzfrau beschuldigt und der Milliardär verschont. Das Wohlfahrtssystem kürzen und Arbeitsplätze streichen; und dann sprach einer der Minister davon, dass wir nur bedingt bankrott wären, wie eine Frau, die nur ein wenig schwanger oder ein Trinker, der nur teilweise Alkoholiker ist. Nein, keine Besteuerung hoher Gehälter, schon gar keine Revision der Indexbindung von Darlehenszinsen oder des Fischquotensystems. Was ist eigentlich los? Ach ja, das Finanzaufsichtsamt schließt die Untersuchung einer Schubladenfirma ab, vielleicht im Herbst, und wäscht eine Bankchefin rein. Bauer Jón aber, der mich manchmal enttäuscht anruft, hat dreißig Jahre Lastwagen gefahren und das Augenlicht verloren, nun hat er einige Schafe am Stadtrand und führt Krieg mit der Stadtverwaltung, weil seine Hunde mit einer Identifikationsnummer ausgezeichnet werden; er hat nie unnötig Geld ausgegeben und alles auf einem Konto angelegt, das nun gemäß der Schwerkraft jener, die unsere Gesellschaft in die Pleite trieben, in die Teife getrudelt ist – dieser Bauer Jón ist womöglich nicht das Volk.

Zwei Interviews erregen mein Interesse. Zwei Fernsehinterviews. Eins mit Lúðvík Bergvinsson, dem Sprecher der Sozialdemokraten. Ich wiederhole, er war Sprecher der Parlamentsfraktion der Sozialdemokraten innerhalb der Linken Union. Das Interview fand im Fernsehjournal *Kastljós* des öffentlichen Fernsehens statt. Das andere Interview wurde mit Wirtschaftsminister Björgvin G. Sigurðsson kurz nach seiner Amtsübernahme im Sommer 2007 geführt. Das Interview mit Lúðvík weckte wunderliche Gefühle, nicht nur bei mir. Man war wie betäubt, gelähmt. Welche Botschaften sandte dieser Mann aus? Es hieß von ihm, dass er umfangreiche Immobiliengeschäfte betrieb, mit Fremdkapital von Banken, die nun bankrott sind und verstaatlicht wurden, damit der Verlust auf das Volk umgelegt werden kann, und seine Botschaft, die eines Sozialdemokraten, war schlicht: Kümmert euch nicht darum. Wir wollen unsere Fehler in Frieden begehen, rasch und zügig, wahrscheinlich, damit die Öffentlichkeit sie nicht bemerkt. Ihr stört uns mit euren Protesten, dem Gequatsche und der Einmischung. Dieses Interview wäre uninteressant gewesen, hätte es sich um einen Vertreter der Finanzwelt und seine Rechtfertigung gehandelt. Allerdings ist von Interesse, dass dieser Mann für die linke Union, die Sozialdemokraten, im Parlament saß. Was verbindet ihn mit sozialdemokratischer Politik? Seine Rettungsmaßnahme war die der Finanzaristokratie – wo Schulden abgeschrieben werden und die alten Besitzer ihre Firmen wieder übernehmen. Denn der Betrieb muss ja weitergehen, und wer könnte besser geeignet sein, den Betrieb zu führen, als einer, der ihn ruiniert hat? Das alles sollte mit hoher Beschleunigung abgewickelt werden, und würden Fehler unterlaufen, könnte man später das beschleunigte Tempo als Entschuldigung anführen.

Anlässlich eines Fernsehinterviews zu seiner Amtsübernahme sagte Wirtschaftsminister Björgvin G. Sigurðsson am 29. Mai 2007, dass er buchstäblich als Vertreter der Finanzbarone agiere und dass ihm deren Expansionsgeschäfte keine Kopfschmerzen bereiteten, sondern vielmehr Kopfarbeit. Das Ministerium solle sich zum »Expansionsministerium« entwickeln und die »dauerhafte Verbindung von Politik und Kapital« sichern. Dies kann man im Internet nachlesen. Es erinnert an den Film *Willkommen Mr. Chance* vom Gärtner Chance, der über das Fernsehen sprechen lernt. Denn der Minister war wie ein Kind, das in die Sprachschule der Reichen gegangen ist. Nun frage ich: Wo im unendlichen Ozean fischten die Sozialdemokraten diese Männer auf, und mit welcher Macht hält die Wirtschaft jene Partei im Würgegriff? Wo stehen Sozialdemokraten eigentlich? Kratzt sich keiner von ihnen verlegen am Kopf? Erkennen sie nicht, dass die Aasgeier der freien Marktwirtschaft die Partei auseinandergenommen und ihre ursprüngliche Politik abgedrängt haben?

Im Dezember 2008 war keine Spur sozialdemokratischer

Politik in der sozialdemokratischen Argumentation mehr nachzuweisen, höchstens noch bei Sozialministerin Jóhanna Sigurðardóttir, die nun Ministerpräsidentin geworden ist, nachdem Björgvin zurückgetreten und Lúðvík verschwunden ist. Aber Jóhanna war neben diesen lautstarken Ghettoblastern wie eine ausgeleierte, dreiunddreißiger Schallplatte. Das hat sich zum Glück geändert, Dank sei unseren Protesten. Nun ist Jóhanna Parteivorsitzende der Sozialdemokraten und muss die Vertreter der freien Marktwirtschaft, die Blairisten, abschieben, sonst wird sie an einem Stück verschluckt. Es war auch offensichtlich, dass Jónas Fr. Jónsson vom Finanzaufsichtsamt die Allgemeinheit nicht gerade am Herzen lag; er war voll damit beschäftigt, die Korruption reinzuwaschen, und wir blechten monatlich rund 2 Millionen Kronen für seine Mühe. Ich schrieb: »Die Mindestforderung lautet, dass diese Männer sich aus ihren Ämtern zurückziehen, all diese Gesichter der Korruption.« Sie taten es einen Monat später während der Topfdeckelrevolution. Sie wurden eigentlich gestürzt, sie wurden vor die Tür gesetzt, wie eine junge Frau es in einer Rede vor dem Parlamentsgebäude gefordert hatte, nicht im buchstäblichen, sondern im übertragenen Sinne. Und ich fügte an: »Ich appelliere an die wahren Sozialdemokraten: Geht zu eurer Parteispitze und klagt Antworten ein. Sagt ihnen, dass euch die herrschenden Schwerpunkte in gesellschaftspolitischen Fragen missfallen und dass ihr fordert, die Gesichter der Korruption aus euren Reihen zu entfernen.«

Doch die Realität ist merkwürdig. Während ich diese Ereignisse im April 2009 niederschreibe, gibt das Finanzaufsichtsamt mit einer neuen Leitung Anklagen heraus – nicht gegen die verderbten Reichen, die das Land ruinierten und kurz vor dem Zusammenbruch die Banken plünderten, sondern gegen Journalisten, die genau jene Aktivitäten der Milliardäre beschrieben. Ihnen wird zur Last gelegt, gegen das Bankgeheimnis verstoßen zu haben, und die Superreichen haben sie verklagt, weil die Wahrheit über ihre Transaktionen ans Licht kam. Jetzt, wo die Nation bankrott ist und solche Informationen notwendig sind, soll verhindert werden, dass wir sie erhalten. Es gibt genug Informationen, die wir nicht erhalten. Am Ende müssen wir wieder zu Töpfen und Kochlöffeln greifen und verlangen, dass alle Informationen auf den Tisch kommen. Ja, hört auf zu lügen und legt die Buchhaltung der Wahrheit offen.

Hört auf, verlegen zu Boden zu blicken. Damit die Regierungsparteien wieder vertrauenswürdig werden, müssen sie ihre Verbindungen zur Wirtschaft öffentlich machen. Sozialdemokraten im ganzen Land fragen sich, ob Männer wie Lúðvík Bergvinsson und Björgvin G. Sigurðsson die Sozialdemokratische Union ruiniert haben, oder ob gar die ganze Partei der Finanzaristokratie zuarbeitete? Diese Frage verlangt nach Antwort. Gefragt wird aus Anteilnahme, nicht aus Bosheit, wobei Anteilnahme sich durchaus in Bosheit verwandeln kann, wenn nichts als Schweigen zurückkommt. Politiker klagen darüber, dass Blogseiten im Internet vor Gerüchten und Unterstellungen – unbegründeten natürlich – geradezu glühen; was daran liegen mag, dass eben diese Politiker keinen reinen Tisch machen. Ich glaube dagegen, dass das Problem tiefer liegt, in der Neoliberalisierung sozialdemokratischer Politik, im erwähnten Blairismus.

Gerechterweise muss angefügt werden, dass die Sozialdemokratische Union nach der Kündigung der Koalitionspartnerschaft mit der Selbständigkeitspartei Fortschritte gemacht hat. Dies geschah unter dem Druck der Topfdeckel-revolution und nicht, weil der Parteivorstand plötzlich eine kluge Eingebung gehabt hätte oder gar eine Offenbarung. Danach nahm die Sozialdemokratische Union die Zusammenarbeit mit den Links-Grünen auf, der einzigen Partei, die in Korruptionsfragen saubere Hände hat und auf ihre Argumente zu Zeiten der Privatisierungswelle verweisen kann. Die härteste Kritik an der Privatisierung kam vom Parteivorstand der Links-Grünen. Wohl waren auch vereinzelte kritische Stimmen aus anderen Parteien zu vernehmen, die jedoch im Keime erstickt wurden. Nachdem Jóhanna Sigurðardóttir Ministerpräsidentin wurde und den Parteivorsitz übernahm, glaubten Beobachter mehr Rechtschaffenheit und Ehrlichkeit in ihrer Partei erkennen zu können. Ich möchte das Problem nicht personifizieren und es der ehemaligen Parteivorsitzenden Ingibjörg Sólrún unterschieben, doch Jóhanna hat als klassische Sozialdemokratin ihre ganz eigene Art und unterscheidet sich von all den selbstzufriedenen, auf ihre materiellen Vorteile bedachten Vertretern der Markwirtschaft, welche die größte sozialdemokratische Partei Islands dominiert hatten.

Wenn das ehemalige Parlament ein Seemann gewesen wäre, hätte man es den Seesack nehmen lassen. Wäre es ein Schriftsteller gewesen, hätte es keinen Verlag gefunden. Und nun kommt hier des Pudels Kern. Die meiste Zeit jenes schicksalshaften Jahres 2008 war das Parlament in Ferien! Von Fachleuten weiß ich, dass der Aktienmarkt zum Jahreswechsel 2007/2008 so gut wie zusammengebrochen war. Hunderte Milliarden hatten sich verflüchtigt. Man muss Geir Haarde zugute halten, dass er auf dem Höhepunkt der Preislawine davor warnte, Immobilien zu erwerben und damit eine absurde Verschuldung zu riskieren. Als Davíð Oddsson sagte, der Immobilienpreis würde um 30% fallen, erlitt der Vorsitzende des Immobilienhändlerverbandes vor laufenden Kameras fast einen Nervenzusammenbruch. Ich erinnere mich daran, dass dies etwa zur gleichen Zeit geschah, als die Lastwagenfahrer gegen Benzinpreiserhöhungen protestierten und erstmals Tränengas eingesetzt wurde. Heute kann man diesen Protest als Vorbote begreifen, und bereits damals schlug sich die Rhetorik Davíð Oddssons auf den Seismographen nieder. Allerdings gibt es da einen gewissen Widerspruch; denn zeitparallel zu den Warnungen und seiner Prognose über die Immobilienpreise soll Davíð nach Aussage von Insidern nach London gereist sein, um die britische Regierung von den Vorzügen der ICESAVE-Konten und der Bonität von Landsbankinn zu überzeugen. Dies mag wie gesagt als Widerspruch erscheinen, ist es aber in Wirklichkeit nicht, oder genauer gesagt, aus solchen Gegensätzen ist der Politiker Davíð Oddsson gezimmert. Doch genug davon; all dies geschah im Frühjahr 2008, wobei im vorangegangenen September 2007 bereits ein internationales Gutachten vorlag, nach dem die Isländische Krone realiter um 40% gefallen war. Da begannen die Banken, Devisen zu hamstern, und Spekulanten segelten in ihrem Kielwasser. Alle Finanzinstitute stellten sich darauf ein, dass der Kurs der Krone ins Bodenlose stürzen würde. Im Februar und März 2008 tauchten Informationen auf, die besagten, dass die Schulden isländischer Banken, in Devisen umgerechnet, deren Eigenkapital um 2000 Milliarden überstiegen. Damals waren alle Zahltage ebenso bekannt wie die Tatsache, dass keine Prolongation in Sicht war. Und was tat das Parlament? Genau, das Parlament nahm Osterferien. Dem einen oder anderen Abgeordneten mag es angesichts der totgeschwiegenen Tatsachen übel geworden sein, denn kaum waren die Parlamentarier in Osterferien und stellten Spekulationen über die traditionellen Sprichwortzettelchen in ihren Schokoladeneiern an, kollabierte die Krone. Jedenfalls wurde der Krone speiübel, sie bekam Durchfall, ebenso wie die Finanzlage der Haushalte. Parallel dazu legten die Banken ihre Vierteljahresbilanzen vor und wiesen satte Gewinne aus, von denen wir heute wissen, dass ihre Wurzeln in Devisenspekulationen lagen sowie allerhand Zahlengaukelei und Schönfärberei. Wenn die Gaukeleien und Fälschungen zur Sprache kamen, waren Banksprecher schnell beleidigt und zogen ein Gesicht wie ehrenhafte Jungfern in einem Bordell.

Aber warum war der Gesetzgeber nicht auf seinem Wachposten? Wo war der Kapitän? Wo der Steuermann? Wo war die Mannschaft, das gesamte Parlament? Einer meiner Informanten sagte, er habe Abgeordnete mit E-Mails überzogen, mit Volkswirtschaftlern gesprochen und die Gewerkschaftsvorsitzenden angeschrien, doch alles sei wie gelähmt gewesen. Er wurde als Querulant behandelt, seine Weitsicht wurde lächerlich gemacht. Um diese Zeit reiste Ingibjörg Sólrún mit Bankchef Sigurður Einarsson als Pressereferentin der Kaupthing-Bank nach Kopenhagen. Das ist noch nicht mal gelogen. Das ist keine Dichtung, und doch unglaublicher als jede Dichtung. Wir verfolgten es im Fernsehen. Bedauernswerte dänische Journalisten stellten Fragen, Sigurður Einarsson riss das Maul auf, und Ingibjörg Sólrún sprach von tragfähigen Fundamenten. Ich erinnere mich sogar, dass die dänischen Journalisten nach den Expansionswikingern Jón Ásgeir Jóhannesson und Pálmi Haraldsson fragten, die dort im Lande sehr umtriebig gewesen waren, sich nun aber nicht blicken ließen. Belogen uns die Politiker eiskalt, oder wussten sie es nicht besser? Nach dem, was hier geschildert wird, wussten sie es. Ihnen waren der Kursverlust ebenso bekannt wie die ganzen Gaukeleien und Beschönigungen. Doch warum logen sie, und für wen? Hat man euch die Lügen vorgeschrieben? Will denn niemand von euch auspacken?

Und immer noch war der Ball nicht zu Ende, denn auf die Osterferien folgte eine ausgedehnte Sommerpause, und darauf folgte die Krise. Zwar baten die Links-Grünen im August um eine Parlamentssitzung, aber man schenkte ihnen kein Gehör. Die beiden Türme brauchten nicht zuzuhören. Sie reckten bloß die Nase in die Luft. Die beiden Türme, so bezeichneten sich Selbständigkeitspartei und Sozialdemokratische Union selbst. Zum Auftakt der Krise wurden Notstandsgesetze verhängt. Damit verließ die Regierung das Parlament, und die Parlamentarier blieben zurück und wussten nicht, was sie tun sollten. Doch – einer kam mit einem Parlamentsantrag; ob es nicht klug sei, alkoholische Getränke nicht wie bisher in staatlichen Monopolläden, sondern in Supermärkten zu verkaufen, denn der Staat solle sich nicht mit Geschäften befassen, die von der Marktwirtschaft besser gehandhabt werden könnten, wie zahlreiche Beispiele belegten.

Haben wir dieses Parlament gewählt? Ja, denn ich möchte ja nicht behaupten, dass die Wahlergebnisse gefälscht worden sind. Doch haben wir *dieses* Parlament gewählt? Nein, das haben wir nicht, denn es führte uns in Umstände, die alle Voraussetzungen umwälzten. Wir wählten auch den Präsidenten – er musste nicht einmal gewählt werden, er wurde ohne Gegenkandidat im Amt bestätigt. Dessenungeachtet hat der amtierende Präsident das Vertrauen restlos verspielt. Obgleich ihm die ganze Nation zur Seite gestanden hatte, ist er nun ein Präsident der Minderheit. Jetzt fliegen Episoden von Finanzmarkt- und Spekulationsbeteiligung der Politiker durch das Internet. Der konservative Bjarni Harðarson informiert, dass es Voraussetzung positiver Medienberichterstattung sei, mit den Gesichtspunkten der Reichen im Einklang zu sein. Ist das wahr? Sind die Gesichtspunkte von Lúðvík Bergvinsson auch die Gesichtspunkte des Parlaments? Welchen Einfluss hat die Wirtschaft auf die Politiker? Auf welche, wie und warum? Diese Fragen schreien geradezu nach Antworten. Deshalb war es notwendig, Neuwahlen auszuschreiben, denn das Volk soll sich ein Parlament wählen, nicht das Parlament ein Volk. Es gab Neuwahlen; das Wahlergebnis jedoch ändert nichts an der Kampfrichtung, an den bevorstehenden Aufgaben.

Die Öffentlichkeit ist von den Plattitüden der Machthabenden ziemlich genervt, dass nichts Unnatürliches oder Ungesetzliches an der einen oder anderen Sache sei, beispielsweise dem Geldtransfer aus den Fonds von Kaupthing. Die Pressesprecher der Finanzaristokratie geben Erklärungen ab, die gespickt sind mit Floskeln, dass nichts Unnatürliches oder Ungesetzliches stattgefunden habe. Einige dieser Pressesprecher werden auch mit politischen Parteien und Machthabern in Verbindung gebracht. Nach verbreiteter Ansicht erkennt man darin eine Erscheinungsform der glücklichen Ehe von Wirtschaft und Politik. Ein und dieselbe Agentur war für die Öffentlichkeitsarbeit eines der höchsten Staatsämter tätig, einer der größten Parteien und einiger der ausgefuchstesten Expansionswikinger, aber daran ist selbstverständlich nichts Unnatürliches oder Ungesetzliches.

Ich weiß nicht, ob es Ausdruck eines schlechten Gewissens ist, wenn nun ein anderer merkwürdiger Tick die Machthaber und ihre Vertreter befällt; sie fühlen sich stets auf der Anklagebank oder im Gerichtssaal. Es scheint ihnen zu ergehen wie Josef K. im *Process* von Franz Kafka. Wenn etwas über sie gesagt wird, fällt es gleich unter den Verleumdungsparagraphen oder in den Bereich der Polizei, es soll vor gerichtlichen oder noch höheren Instanzen verhandelt werden. Diese Paranoia befällt Angehörige des Finanzwesens, der Presse und der Politik, bevorzugt letztere. Man darf sie nicht anhauchen, ohne ihre Ehre zu verletzen. Ihre Nachkommen und ihr Eigentum geraten in Gefahr, ihre Verwandten könnten dahinscheiden, und anderes in diesem Stil. Häufig berufen sie sich auf »Grundsatzregeln des Rechtsstaates« und wirken, als sei dies der Ort, an dem sie wie unverrückbare Elefanten hocken. Wenn man sie aus dem Gleichgewicht bringt, kullert das Porzellan zu Boden, und alles gerät ins Chaos.

Als ich von den Immobiliengeschäften Lúðvík Bergvinssons erfuhr, erlaubte ich mir, Zweifel daran zu äußern, ob ein Parteisprecher der Sozialdemokraten derartige Geschäfte betreiben sollte. Nicht weil ich etwas gegen Immobiliengeschäfte habe oder in irgendeiner Weise berechtigt bin, Lúðvíks Aktionen zu beurteilen, sondern weil sie geradewegs zu Interessenskollisionen führen können, abgesehen davon, dass die Tätigkeit als Parteifraktionssprecher und Abgeordneter der Sozialdemokraten wohl als volle Stelle gelten dürfte. Es kam mir in den Sinn, die Unfähigkeit des Parlaments könne teilweise darauf beruhen, dass die Abgeordneten vielen Herren dienten, zu viele Tätigkeiten ausübten, genau dann, als vordringliche Fragen der Gesellschaft absolute Konzentration erforderten. Es hat sich auch gezeigt, dass das Parlament häufig realitätsfern war, wie bei den ausufernden Debatten über den Verkauf alkoholischer Getränke in Supermärkten nach einer viel zu langen Weihnachtspause, einer Weihnachtspause, die gar nicht hätte stattfinden dürfen. Die Krise machte keine Weihnachtsferien.

Doch anstatt vor der eigenen Tür zu fegen, spricht Lúðvík Bergvinsson unverzüglich von Gerüchten, Menschen mit schlechtem Charakter, öffentlichen Bediensteten und hinterhältigen Internetseiten. In einem Artikel des konservativen *Morgunblaðið* schreibt er am 22. Dezember 2008: »Das Motiv derartiger Berichterstattung, absolut unbegründeter Anschuldigungen, ist eindeutig: Es soll verletzen und Schaden anrichten.« Warum nur sollte ich oder ein öffentlicher Bediensteter Lúðvík weh tun und ihm Schaden zufügen wollen? An dieser Stelle wird die öffentliche Diskussion personifiziert, und der Sprecher der zweitgrößten Partei sank auf die Ebene des Selbstbedauerns herab; dort durften Politiker sich allzu lange einrichten, und wahrscheinlich ist nichts Unnatürliches oder Ungesetzliches dabei.

Wenn die Sprache auf Wahlversprechen kommt, reden Politiker von Mobbing. Ein Spitzenpolitiker, der seinerzeit für das Geschenkquotensystem der Fischerei und seine eigenen Interessen, dieses aufrechtzuerhalten, kritisiert wurde, wies die Kritik als Affront gegen seine altersgebeugte Mutter zurück. Brauchen wir noch mehr Zeugen? Den Kritikern werden schlechte Triebe unterstellt und Politiker posieren als Opfer. Das heißt Selbstbedauern, passt zur Diskussion auf unterster Ebene und der Opferisierung der freien Marktwirtschaft. Mit der Privatisierung und dem Abbau der Solidarität werden alle Probleme zu Privatangelegenheiten. Sogar Tariffragen sollen zum Problem jedes einzelnen werden. Das geht mit einer von Inhalten entleerten, öffentlichen Diskussion einher, einer gleichförmigen Parteienlandschaft und ist doch nichts anderes als Realitätsferne auf höchstem Niveau, eng verwandt mit jenem Kitsch, den man aus Seifenopern kennt.

Während des Aufschwungs wurde gesagt, man solle einfach der Fortschrittspartei beitreten. Damit erschließe man sich den Aktienmarkt. Die Partei wurde als Arbeitsvermittlung für jene betrachtet, die an Posten und Geschäfte kommen wollten, den Privilegien führender Parteistellungen. Das Parteibuch galt als Diplom, als Eignungszeugnis. Es wurden sogar neue Stellen für Fortschrittsparteiler eingerichtet. Die Parteiführung scheint weniger im Sinn gehabt zu haben, wie sie der Gesellschaft durch Intelligenz und sinnvolle Anträge dienen, sondern was sie selbst durch Intelligenz und Gesetzesanträge aus der Gesellschaft herausholen könnte. Halldór Ásgrímsson, Parteivorsitzenden von 1994 bis 2007 und mehrfacher Minister, war einer der Architekten des Geschenkquotensystems und setzte sich persönlich dafür ein, dass Finnur Ingólfsson, dem stellvertretenden Parteivorsitzenden von 1998 bis 2001, Industrieminister sowie Zentralbankdirektor, zusammen mit einigen Partnern eine privatisierte Bank ausgehändigt wurde. Diese Denkweise der Fortschrittsparteiler, infiziert durch die Ideale des Neoliberalismus mit Großbürgerglanz in den Augen, steht in eklatantem Widerspruch zur klassischen Genossenschaftspolitik und jenen Anfangsjahren der Fortschrittspartei, die Männer wie Jónas frá Hriflu prägten. Was immer man über Jónas denken will, der einerseits konservativ und andererseits fortschrittlich war, so handelte es sich doch um einen Mann, der sich für seine Nation und die Gesellschaft verzehrte, ganz im Gegensatz zu jenen modernen Fortschrittsparteilern, die damit wetteifern, so viel persönlichen Nutzen wie möglich aus der Gesellschaft herauszuziehen. Diesen Sinneswandel nannten die Fortschrittler selbst Modernisierung, vergleichbar damit, wie die Modernisierung der Sozialdemokratischen Union zur Kluft zwischen Arbeiterschaft und der gesamten Allgemeinheit führte. Den modernen Zeiten der Fortschrittspartei folgten Auseinandersetzungen und Machtkämpfe, wobei man sich gegenseitig tückischer Dolchstöße beschuldigte, was so weit ging, dass einer der Parteigenossen ein ganzes Messerset im Rücken zu verspüren glaubte. Nach dem Zusammenbruch wurde die Parteispitze teilweise ausgewechselt, doch hat es nicht den Anschein, als ob dadurch die beschriebene Vergangenheit aufgearbeitet würde. Der Vergangenheitsbewältigung wird eine Art Facelifting vorgezogen. Wenn die Fortschrittspartei irgend etwas von dem, was sie irgendwann einmal vorweisen konnte, zurückerobern will, dann muss sie die Dolchsammlungen und inneren Verschwörungen abschaffen, seien sie nun eingebildet oder real; sie wird das Kostüm der freien Marktwirtschaft abstreifen müssen, den Overall auspacken und sich auf die Traktoren schwingen, kurz gesagt, mit ihren Wählern sprechen, den Bauern. Die brauchen dringend Fürsprecher; die Fortschrittspartei jedoch hat die Bauern verraten, denn der Parteispitze kam es zu hinterwäldlerisch vor, sich mit ihnen zu befassen. Die Fortschrittspartei hat seit langem alles geschluckt, was sie nicht hätte schlucken sollen, hat alles vergessen, was das Gleichgewicht zwischen Stadt und Land ausmacht, den Kontakt von Mensch und Natur; nicht umsonst gilt sie als Architektin jener Politik, die den ländlichen Regionen Islands hart zugesetzt hat, und deshalb wird die Fortschrittspartei nie mehr auf den grünen Zweig kommen, ehe sie die Ruinen der Vergangenheit nicht beseitigt, mit den Quotenkönigen und den Börsenspekulanten und den Selbständigkeits-Sozialdemokraten-Gruppen, den Investitionsfanatikern in den eigenen Reihen, die das Land durcheinandergebracht und sich selbst die fettesten Happen gesichert haben, abrechnet. Sie müssen zurückgeben, was sie genommen haben. Die Gesellschaft wird zurückblicken und analysieren, wie der nun verspielte Reichtum ursprünglich einmal entstanden war. Die Superreichen dürfen sich nicht endlos hinter Paragraphen verschanzen und verlautbaren können: *Es war nichts Unnatürliches oder Ungesetzliches dabei.*

X Bittersüße Baugur-Schokolade und / oder Barone aller Länder!

Wenn Briten sagen, jemand habe einen britischen Humor, *Britsh sense of humour*, dann meinen sie, dass der Betreffende einen guten Sinn für Humor habe. Das ist purer Sprachgebrauch und als solcher nicht zu bekritteln, denn die Briten haben einen feinen Humor. Trotzdem tritt in diesem Sprachgebrauch ein uralter Hochmut in Erscheinung, der in die Sprache hineinwuchs, als die ehemalige Großmacht sogar Anspruch auf den Humor erhob. In Finnland spricht man halb entschuldigend vom finnischen Humor, der ironisch ist und oft darauf beruht, zu schweigen und sich nichts anmerken zu lassen. Schlechtes Wetter, Dunkelheit, Katastrophen spielen dabei oft eine Rolle. Niemand spricht von albanischem oder rumänischem Humor, wie die Briten von ihrem Humor sprechen, und ein Zulu würde niemals zu dir sagen, sollte er dich witzig finden, du hättest einen Zulu-Sinn für Humor, *Zulu sense of humour*.

Hier offenbart sich nur eine der vielen Nuancen des Hochmuts, an den wir doch ständig erinnert werden, denn er ist ein Ableger der Macht, aber auch Macht an sich. Hochmut basiert, wenn schon nicht auf realer Macht, so doch auf eingebildeter. Die Macht tritt so selbstverständlich auf, dass wir sie nach und nach als natürlich betrachten. Sie hüllt sich in den Umhang von Sprache, Gesetz und Regeln. »Ich habe nichts Ungesetzliches getan«, behaupten Gesetzesbrecher, wenn ihr Vergehen über den Gesetzesrahmen hinausreicht.

Wir halten moralische Bedenken dagegen, doch sollten die Gesetze nicht auch moralische Bedenken berücksichtigen? Andernfalls sind sie nutzlos, nichts anderes als Floskeln, um sich vor der Verantwortung zu drücken. In Island ließ die Wirtschaft die meisten Gesetze abschaffen, die sie als Fessel empfand. Um dieses Ziel zu erreichen, mobilisierte sie die Philosophie der freien Marktwirtschaft und eine Institution, die Wirtschaftsrat, Viðskiptaráð, heißt. Entweder hatte der Wirtschaftsrat Einfluss auf den Gesetzgeber, oder der Gesetzgeber verschlief seinen Einsatz. Ich habe oben bereits auf diesen Wirtschaftsrat verwiesen, der sich nachdrücklich gegen Regulierungen und die Kontrolle des Finanzmarktes aussprach und sich dafür lobte, dass das Parlament nahezu alle seine Vorschläge akzeptierte. In Chile bedurfte es eines Militärputsches und einer faschistischen Regierung, um das Prinzip der freien Marktwirtschaft durchzusetzen, doch in Island flutschten diese Ideale durch das Parlament, ohne dass sich jemand entgegengestellt hätte. Der Gesetzgeber erkannte nicht, wohin uns das führen würde. Oder vielmehr, der Gesetzgeber schien beim Wirtschaftsrat angestellt gewesen zu sein, denn rund neunzig Prozent seiner Vorlagen wurden beschlossen, und sein Vorstand bestand aus einer langen Reihe von Leuten, die eng mit dem Zusammenbruch in Verbindung stehen. In einer Verlautbarung des Wirtschaftsrates hieß es, dass Island sich nicht länger an anderen skandinavischen Ländern messen solle, denn es habe sie auf den meisten Gebieten überholt! Trotzdem wollen diese Leute keine Verantwortung für den Kollaps übernehmen, wenn man ihre Ausführungen und Antworten anlässlich der Bürgerversammlung am 12. Januar 2009 ernst nehmen darf. Im Gegenteil: Der Wirtschaftsrat hat eine gepflegte, demokratische, vor allem aber liberale und oberflächliche Erscheinung. Darunter steckt der internationale Neoliberalismus mit seiner Korruption, und ist es nicht in erster Linie der internationale Neoliberalismus, der rund um die Welt vermummte und unvermummte Gegner der Globalisierung ausgebrütet hat? Die Demonstranten brauchen nichts anderes tun, als am Silvesterabend während der Direktübertragung der populären Diskussionssendung *Kryddsíld* des zweiten Fernsehprogramms ans Fenster zu klopfen, und die Sendung mit mehreren Parteivorsitzenden verwandelt sich im Handumdrehen in jenes absurde Theater, das sie in Wirklichkeit ist. Ehe die Übertragungskabel durchtrennt wurden, befinden wir uns in einem Buñuelfilm, sagen wir: *Der diskrete Charme der Bourgeoisie.* Wie jener Film handelt die Diskussionssendung von einer Oberschicht, die sich ahnungslos von der Welt außerhalb ihres Gesichtsfeldes einfach weiter vergnügt und tut, als sei nichts geschehen. Am Silvesterabend spielte der Moderator Sigmundur Ernir Rúnarsson die Hauptrolle des Films, den Zirkusdirektor der Macht. Regisseur war Intendant Ari Edwald, und Produzent war der Pressekonzern 365, genauer gesagt, das Baugur-Imperium. Das Manuskript allerdings geriet außer Rand und Band, und die Aufnahme missglückte.

Dies wollen wir ein wenig genauer beleuchten, denn es ist durchaus bemerkenswert. Wie bereits gesagt, erschien Mitte November die Presse zur Bürgerversammlung im Veranstaltungslokal *NASA.* Die Versammlung verlief in vieler Hinsicht ergreifend, denn sie offenbarte die Kluft zwischen jenen, die die Presse in Island dirigieren, und der Allgemeinheit. Anstatt dünkelhaft zu sein, wie es gern ihre Art ist, waren die meisten Reporter sanft und erkannten kreuz und quer an, dass es Leute im Lande gäbe, und entschuldigten sich dafür, dass sie dies nicht schon vorher bemerkt hätten. Sogar Sigurður Ernir wechselte in eine liberale Gangart und stellte in Aussicht, Minister und Politiker seltener zu interviewen; diese hätten sowieso nichts zu sagen, nun sollten die Stimmen des Volkes zum Tragen kommen. Alles das ist in einer Sammlung von Videoclips der Bürgerversammlungen mit dem Titel *Análl borgarafundanna* dokumentiert. Vielleicht glaubte Sigurður Ernir, sein Richtungswechsel würde eher in den Kram passen. Im Saal nickten die Bürger und dachten: Auf dem Weg der Genesung lebt es sich am besten. Doch lange hielt das nicht an. Kurz danach trat einer der Minister auf und sagte, hier läge ein Missverständnis vor, dies sei nicht das Volk im Lande, und die Presse nickte und wandte sich wieder maßgeblicheren Themen als dem Volk im Lande zu. Die Minister erschienen wieder zu Interviews und der Kaiser wurde wieder ins Amt eingesetzt, zusammen mit seinen cleveren Webern der Macht.

Wenn wir dieses Geschehen in einem größeren Zusammenhang betrachten, stoßen wir auf die Tatsache, dass sich hinter all der Vielseitigkeit, mit der sich die Moderne während der Epoche der freien Marktwirtschaft geschmückt hat, in Wirklichkeit eine unglaubliche Einseitigkeit verbirgt. Die freie Presse nistete sich in banalen Lifestyle-Sendungen ein, und die gesamte freie Meinungsäußerung war bemerkenswert unfrei, wie durch diverse Enthüllungen der letzten Zeit bewiesen wird, als Journalisten, junge wie alte, erfahrene wie unerfahrene, zu flöten und singen begannen, also von ihrer Erfahrung der Zensur zum Vorteil der Medienbarone berichteten.

Vor einigen Jahren beleuchtete der Schriftsteller Milan Kundera diese Frage in einem etwas anderen Zusammenhang. Er sagte: »Es macht nicht viel aus, ob in den diversen Medien unterschiedliche Interessen behandelt werden. Hinter jenem vordergründigen Unterschied herrscht derselbe Geist. Es genügt, amerikanische und europäische Wochenmagazine durchzublättern, von links nach rechts, von *Time* zu *Spiegel*. Alle verkünden die gleiche Sichtweise, die sich im gleichen Inhaltsverzeichnis, den gleichen Kolumnen, der gleichen journalistischen Praxis, dem gleichen Wortschatz, Stil, Geschmack und den gleichen Werten ausdrückt. Dieser Einklang der Medien, versteckt hinter dem Rücken politischer Vielseitigkeit, ist der Geist unserer Zeit.« Für Kundera ist der Roman das Gegenteil jenes Geistes. Er vermittelt andere Ansichten als die Handhaber der Wahrheit, ob es sich nun um Nachrichtenagenturen oder Politiker handelt. Die Betätigungsfelder des Romans sind die Suche, die Beziehungen der Menschen hinter den Schlagwörtern und Klischees, die Freude, die nicht in die Nachrichtenübersicht passt, und die Trauer jenseits der Überschriften. Nach Kunderas Meinung muss Zensur nicht auf direkte Anweisung der Medienbesitzer stattfinden, nicht als Gebot, sondern als Teil der Wertevorstellung, der Atmosphäre, des Geistes unserer Zeit.

Hier sollte man erwähnen, dass die Sendung mit dem Namen *Kryddsíld* lange Jahre existierte und stets mit hoher Erwartung verbunden war. Der Name geht auf ein lustiges Missverständnis eines Journalisten von *Morgunblaðið* zurück: Als die damalige Präsidentin Vigdís Finnbogadóttir 1981 ihre erste offizielle Reise nach Dänemark antrat, hielt sie mit Königin Margrethe eine Pressekonferenz ab, *Krydsild* genannt, was im Dänischen wohl soviel wie Kreuzfeuer bedeutet. Der Journalist von *Morgunblaðið* interpretierte die Situation falsch, wohl durch die Ähnlichkeit des dänischen Wortes mit dem isländischen Wort kryddsíld (Kräuterhering), und berichtete, dass die dänische Monarchin und Islands Präsidentin mit Journalisten Kräuterhering zu speisen gedachten. So entstand ein guter Witz, der sich im Sprachgebrauch festigte und sodann lange Jahre als Titel der besagten isländischen Fernsehsendung fungierte. Parteivorsitzende sind dazugeladen und essen und trinken, während sie Fragen beantworten, und die größte Hoffnung der Zuschauer ist, dass einer von ihnen zu viel trinkt und das Maul aufreißt oder etwas fallenlässt, worüber man später Bemerkungen machen könnte. Ansonsten handelt es sich um die üblichen politischen Exkurse über das verflossene Jahr.

Doch am Silvesterabend 2008 ging etwas schief. Die *Kryddsíld*-Sendung ist ein gutes Beispiel für den oberflächlichen Geist, von dem Kundera spricht, für die politischen Worthülsen und alles das. An jenem Silvesterabend trat dieser Geist in allen Verpackungen auf, die vorgaben, dass nichts vorgefallen oder sich geändert hätte. Er manifestierte sich in den gleichen gedeckten Tischen, dem Bier, dem Hering und der gleichen Bedienung, in nichtssagenden Fragen und routinierten Antworten. Also weitermachen mit der Party und so tun, als ob alles beim alten sei. Die Krise auf die Leute, das Pack, den Pöbel abwälzen. Doch nun war Unruhe aufgekommen. Draußen wurde stürmisch protestiert. Die Topfdeckelrevolution hatte ihren Einzug gehalten. Man zog mit Fackeln vom Regierungsgebäude zum Drehort der Sendung, einem Hotel, und schlug die Trommeln, als die Fernsehdiskussion begann. Der Buñuelfilm spulte sich ab. Die Oberschicht behielt während der Vorspeise das Gesicht. Der Parteivorsitzende der Links-Grünen fragte, ob man die Leute draußen nicht einfach einladen solle, doch der Interviewer war mit den Gedanken woanders, mit einem Kopfhörer im Ohr; und die Fernsehzuschauer daheim konnten hören, wie der Lärm allmählich anschwoll. Die Regierung Haarde war noch an der Macht, doch Geir Haarde selbst wagte nicht, durch die Menge zu gehen, durch den Pöbel, und blieb fern. Die anderen Parteivorsitzenden waren anwesend, der Moderator gepflegt; er hatte kurz vorher angekündigt, dass bald andere Moderatoren die Sendung übernehmen sollten; er war nervös. Kurz gesagt, alles geriet außer Rand und Band. Dem Moderator und dem Intendanten entglitt die Haltung, insbesondere letzterem, als er meinte, die Polizei sollte noch härter vorgehen, und der Moderator spielte das Opfer und sprach, als ob alles verloren sei und seine Männer gefallen. Die ganze Aufmerksamkeit richtete sich auf die Demonstranten, junge vermummte Leute und andere, die unvermummt dem Tränengas ausgesetzt waren.

Drei Tage danach hielt ich eine Ansprache vor dem Parlamentsgebäude und interpretierte die Angelegenheit so: »Es zeichnet sich nicht ab, dass der Schaden ausgeglichen wird, indem das Geld von jenen eingeklagt wird, die für den Schaden verantwortlich sind, sondern er wird ein weiteres Mal auf uns, die Allgemeinheit, abgewälzt. Jene, die das Haus anzündeten, verweisen auf den Jugendlichen, der auf den Bürgersteig spuckt. Die Finanzaristokratie will, dass jeder Widerstand mit Polizeiknüppeln und Tränengas gebrochen wird, und weist die Verantwortung zurück. In dem Augenblick, wo die Finanzaristokratie ebenso wie die Regierung und ihre Kontrollinstanzen Verantwortung übernehmen, enden die Demonstrationen von selbst. Wenn der *Kryddsíld*-Moderator und sein Intendant Ari Edwald ihre Vorgesetzten auffordern, Verantwortung zu übernehmen, können sie so viel Kräuterhering verputzen, wie sie wollen. Die Polizei sollte die Knüppel lieber gegen die Regierung anwenden, die Reichen und deren Handlanger in den Medien. Ich glaube, die Polizisten sind eher Weggenossen der Demonstranten als der Finanzbarone, weil sie auch deren Kinder in Schulden stürzten.«

In dem Roman *Die unerträgliche Leichtigkeit des Seins* nennt Kundera einen der Gründe für die Vermummung der Anarchisten. Der Prager Frühling zog zahlreiche Journalisten an. Die meisten dankten dafür, Fotos zu machen und Informationen zu vermitteln, doch als alles vorüber war, benutzte der Geheimdienst der tschechoslowakischen kommunistischen Partei ebenjene Fotos, um die Abgebildeten zu identifizieren und festzunehmen. Die Demonstranten hatten diverse Gründe, nicht erkannt zu werden; wenn wir in Island auch keine Massenverhaftungen kennen, ist doch mehr als bekannt, dass manch einer seine Stellungnahme hätte bezahlen müssen – durch Ausschluss von Posten oder ähnlichem. Vetternwirtschaft, untaugliche Institutionen, das sind die Themen des Tages. Wir Demonstranten sprechen uns auch gegen diese Realität der Furcht aus. Wir demonstrieren und formulieren unsere Anliegen, die meisten von uns unvermummt. Ich kann aber nicht anders, als jenen, die sich vermummen und nicht erkannt werden wollen, meinen vollen Respekt zu zollen. Nicht wenige haben sich an mich gewandt und gesagt: Ich stimme völlig mit dir überein, aber ich kann auf Grund meiner Position leider nicht öffentlich Stellung beziehen. Was sagt uns das über unsere Gesellschaft? Leider ist es nicht neu, dass Leute ihre Meinung nur hinter vorgehaltener Hand sagen; die Epoche des Neoliberalismus war auch eine Epoche raffinierten Schweigens. Es wurde nicht direkt verboten, eine Meinung zu haben, doch alle wussten, was es bedeuten könnte, wenn man eine hatte.

Um die Weihnachtstage 2004 verheerte ein Tsunami weite Landstriche im Indischen Ozean, Tausende starben. Ganze Regionen wurden verwüstet. Familien lösten sich auf. Dies nahm die damalige Außenministerin der USA, Condoleezza Rice, zum Anlass, um von einer »wunderbaren Chance, den Aufbau zu beginnen und neue Märkte zu erschließen«, zu sprechen. Heute wird der wirtschaftliche Zusammenbruch Islands gern mit einer Naturkatastrophe verglichen, auch wenn er eine Katastrophe aus Menschenhand ist, und die Worte von Außenministerin Rice erinnern unangenehm an die Worte der isländischen Kulturministerin in der Regierung Haarde, Þorgerður Katrín Gunnarsdóttir; nun kämen auf ihre Partei, die Selbständigkeitspartei, »interesssante und spannende Zeiten« zu. Diese Worte ließ sie just im Zusammenhang mit dem bevorstehenden Aufbau fallen, der auf die wirtschaftliche Katastrophe folgen wird. Es überrascht nicht sonderlich, dass jene Kulturministerin Ronald Reagan und Margaret Thatcher angehimmelt hat, wobei dies eher eine Nebensächlichkeit ist – doch es muss lustig für die Sozialdemokraten gewesen sein, mit derart geistreichen Leuten eine Regierung zu bilden, wenn man davon ausgeht, dass gleich und gleich sich gern gesellt.

Es liegt auf der Hand: Die Selbständigkeitspartei möchte sich in den Brandruinen, der Hinterlassenschaft von 18 Regierungsjahren, vergnügen, und irgendein Papst der freien Marktwirtschaft wird dazu im Schoß des Internationalen Währungsfonds etwas fiedeln, während der Ausverkauf stattfindet; die Aussicht vom Palast wird gut sein, ebenso wie die Sicherheitsvorrichtungen um das stacheldrahtumzäunte Haus der Oberschicht, wenn das alles vorbei ist. Ähnlich wie in Mexiko und in Russland. Viele Isländer haben erkannt, dass die Oberschicht jener Länder mit der isländischen mehr Gemeinsamkeiten hat, als man hätte glauben wollen.

Und auch das bewahrheitete sich: Als die Bewohner einer bestimmten Region Indonesiens nach dem Tsunami zurückkehrten, um ihr Dasein wieder aufzubauen, standen sie einer bizarren Realität gegenüber. Wo zuvor ihre einfachen Häuser standen, waren westliche Luxushotels entstanden. Ja, der Aufbau hatte eingesetzt, neue Märkte waren erschlossen worden. So etwas heißt Katastrophenkapitalismus. Die Ökonomen des isländischen Neoliberalismus erkennen einen Hoffnungsschimmer, denn bald werden die finanzstarken Reichen ihr Geld nach Island zurück transferieren und den Besitz der Allgemeinheit für geringe Summen aufkaufen. Wenn diese pleite ist. Darauf wartet die Finanzaristokratie, und dies soll im Schutz der Regierung durchgezogen werden. So sehen die lustigen und spannenden Zeiten der Selbständigkeitspartei aus: die Brandruinen der Wirtschaftskatastrophe wieder den Milliardären zu übertragen. Verschuldete Firmen fließen schuldenfrei oder gut abgeschrieben ihren ehemaligen oder neuen Besitzern zu. Personen mit vielen Hunderten von Millionen Schulden auf dem Buckel lösen die Firmen ein wie Gutscheine. Genau das will uns der Expansionswikinger Jón Ásgeir Jóhannesson durch seine Beauftragten anbieten.

Die Medien befinden sich bereits in seiner Regie, und der Geschäftsführer des 365-Baugur-Medienkonzerns droht Demonstranten und feuert die Ordnungshüter an. Sinnlose Sachbeschädigung durch Demonstrationen muss sicherlich bedauert werden, von Körperverletzung ganz zu schweigen, und man könnte Moderator Sigmundur Ernir und Intendant

Ari Edwald durchaus anbieten, die beschädigten Apparate zu reparieren, wenn nur das Baugur-Imperium, dem sie gedient hatten, seine Schulden gegenüber dem Volk begleicht. Wie schon gesagt, sitzt Ari Edwald im Wirtschaftsrat, wo die Machtübernahme des Wirtschaftslebens geplant wurde, indem man den Gesetzgeber freundlichst bat, abzutreten. Es stünde dem Intendanten daher gut, von sich selbst auszugehen, wenn er den Schaden des Baugur-Mediums beklagt, jenes Pressemediums, das sein Bestes tat, um die Isländer dumm zu halten, zum Vorteil seiner Besitzer, die in aller Stille gigantische Reichtümer anhäuften. Dergleichen geschieht vorzugsweise mit einem guten Steuermann wie dem Moderator Sigmundur Ernir am Ruder, einem Mann, der mit sorgenvoller Miene von Millionenverlusten spricht und im Verein mit seinem Vorgesetzten die Diskussion an sich reißen will, zu Gewaltanwendung gegen Demonstranten aufruft und in seinem Medium die Lüge verbreitet, dass die Öffentlichkeit eine derartige Gewaltanwendung für selbstverständlich halten würde. Dies ist nicht nur faules Spiel, sondern bedauernswerte Unterwürfigkeit und hat – wenn man es genauer betrachtet – kein anderes Ziel, als die Macht der Superreichen zurückzufordern, die sich in den letzten Jahren für die glatte Oberflächlichkeit der Presse verwendeten. Dabei spielt es keine Rolle, dass der Intendant seinem Moderator die Dienstfertigkeit mit einem Hinauswurf lohnte. Das sagt alles, was man über kapitalistische Moral sagen kann. Der Anlass waren einige durchtrennte Übertragungskabel sowie Handgreiflichkeiten zwischen einigen Köchen, Technikern und Demonstranten. Der Schaden war ebenso unbedeutend wie die Verletzungen, was an dieser Stelle keinesfalls gerechtfertigt werden soll. Die Hauptauseinandersetzungen dagegen fanden zwischen Demonstranten und der Polizei statt. Letztere wendete freizügig Tränengas an, und dann traten einige rechtsgesonnene Bürokraten auf den Plan. Von Millionenverlust zu sprechen und die Demonstranten mit Vergewaltigern zu vergleichen, gereichte den Vertretern der Fernsehstation kaum zum Vorteil.

I started out on burgundy but soon hit the harder stuff. So singt Bob Dylan in »Just Like Tom Thumb's Blues« im Album *Highway 61 Revisited.* Über jeden Zweifel erhaben, ist dieses Album ein Meisterwerk, von dem wir glauben, dass die Welt nicht ohne es sein kann. *Highway 61 Revisited* bildet eine Art Trilogie, erschien nach *Bringing It All Back Home* und *Blonde on Blonde.* Popmusik wurde hier mit Hilfe der Poesie auf eine höhere Ebene gebracht; darauf muss nicht weiter eingegangen werden, auch wenn diese These an und für sich Material für einen guten Essay stellen könnte. Im Scorsese-Film *No Direction Home* wird jene Musikepoche gründlich aufgearbeitet; ihre Voraussetzungen, der Widerstand und alles was dazugehört.

Doch widmen wir uns dem Satz *I started out on burgundy but soon hit the harder stuff.* Ich begann mit Rotwein und ging bald schon zu härterem Stoff über. So geschieht es. Zwar sagte ein guter Junkie, dass jede Sucht mit der Muttermilch beginnt, doch ich überlegte mir, ob man nicht mit der gleichen Akzentuierung sagen könnte: Ich begann in der Politik und spekulierte schon bald mit Geld. Oder: Ich begann in der Politik und wurde schnell Multimillionär. Oder: Ich begann in der Politik und war sofort korrupt. Oder – um konkreter zu sein –, ich begann in der Politik, doch Aktiengesellschaften faszinierten mich, die Schubladenfirmen, die auf einem Handy basieren oder in der oberen Etage angesiedelt sind,

oder wie das nun genannt wird; genau so formulierte der ehemalige Zentralbankchef die Methoden. Man begann in der
Politik und ging dann zu härterem Stoff über. Es gibt viele
harte Stoffe in der Gesellschaft, wobei Geld zweifelsohne der
härteste ist.

When you're lost in the rain in Juarez. Noch immer denke
ich an die Verknüpfung von Wirtschaft und Politik, doch nun
fällt mir etwas anderes ein. *When you're lost in the rain in Juarez*, wenn du dich im Regen in Juárez verirrt hast. Ich kam
nämlich nach Juárez in Mexiko, kurz vor dem Zusammenbruch Islands, doch ich hatte mich weder verirrt, noch regnete
es. Die Stadt Juárez, oder Cuidad Juárez, liegt an der Grenze
von Mexiko und den USA und gerät oft in die Nachrichten
wegen der zweifelhaften Ehre, die höchste Verbrechensrate
auf der Welt zu haben. Vor kurzem trat der Polizeichef der
Stadt auf Grund von Drohungen der Drogenbarone zurück;
man kündigte an, dass täglich zwei Polizisten verschwinden
würden, und wenn Drogenbarone etwas sagen, dann geschieht
es auch. Die Mexikaner selber halten nicht viel von Juárez. Sie
finden die Stadt hässlich und nicht besonders mexikanisch,
und Amerikaner betrachten sie bestenfalls als preiswertes Restaurant und gute Diskothek. Heute werden sie allerdings davor gewarnt, nach Juárez zu fahren, doch die Jugend von El
Paso hört nicht darauf und besucht die Stadt am Wochen-
ende. Juárez spielt in Filmen, der Literatur und der Musik
eine gewisse Rolle, nicht nur bei Bob Dylan. El Paso in den
USA und Juárez in Mexiko sind genaugenommen ein und
dieselbe Stadt. Nur die Grenze und eine Mauer trennen sie,
eine Art Berliner Mauer des internationalen Kapitalismus.
Sie trennt die internationale Gemeinschaft von den Unter-
entwickelten, uns von den anderen. In Juárez lebten Musiker,

die mit Elvis Presley auftraten; sie gingen von El Paso nach Juárez über die Grenze. Damals waren die Städte viel kleiner, eigentlich nur Dörfer, gemessen an ihrem heutigen Großstadtbild. Von der Grenze wurden sowohl das Buch als auch der Film *Kein Land für alte Männer* inspiriert. In El Paso befindet sich eine umfangreiche Militärstation. Man sagte mir, dass die jungen Soldaten, die ich dort auf dem Flughafen gesehen hatte, unterwegs in den Irak waren. Doch es gibt mehr als preiswerten Alkohol, Drogen und Diskotheken, was Amerikaner nach Juárez lockt. Dort ist auch die Arbeitskraft preiswert. Dorthin verlegen amerikanische Firmen ihre Fabriken und verringern damit die Produktionskosten. In Juárez gibt es einen riesigen Slum, einen der größten in Lateinamerika, Endstation jener, die über die Grenze wollen und nicht weiterkommen. Dort gibt es kein fließendes Wasser, und die Gebäude sind in mehr oder weniger gutem Zustand. Dennoch laufen die Kinder dort lächelnd herum. Auf der anderen Seite der Stadt liegt das Viertel der Millionäre, da laufen keine Kinder herum, vielmehr stehen dort Leibwächter an den Toren, und Stacheldraht zieht sich um die Anwesen. Dort leben die Drogenbarone, die über alles verfügen, worüber sie verfügen wollen. Hin und wieder schicken sie Jugendliche aus dem Slum mit Drogen über die Grenze. Für ein Kilo Kokain erhalten die Jugendlichen 25 000 Dollar, was dem Lohn von zehn Jahren Arbeit in den Fabriken entspricht, die einzige erreichbare Erwerbsquelle. Wenn die Jugendlichen geschnappt werden, landen sie in privatisierten amerikanischen Gefängnissen und arbeiten genaugenommen weiter in den Fabriken. Von diesem System profitiert die Oberschicht beider Länder, der USA und Mexikos. Es spiegelt gewissermaßen die Freiheit des Marktes und seine Diktatur wider – freie Marktwirtschaft auf den Punkt gebracht. Dort herrscht sie über Recht und Freiheit. Zwischen den Drogenbaronen und dem Slum sind Leute, die versuchen, ein soweit wie möglich normales Leben zu führen, interessante und fröhliche Menschen, randvoll mit guten Geschichten, doch ehe man nach Juárez kommt, hört man all die Berichte von den Morden, die dort geschehen, und den Menschen, die spurlos verschwinden. Somit wird die Angst zum Reisegefährten der Besucher. Die guten Nachrichten werden nicht vernommen, die schlechten verallgemeinert. Juárez ist jener Ort, von dem gesagt wird: Dort gibt es nichts zu sehen, doch wenn jemand mir nichts zeigen kann, dann habe ich alles gesehen.

Die Macht der mexikanischen Drogenbarone über das mexikanische Wirtschaftsleben hat viele Parallelen zur Macht der Wirtschaft über Island vor den Tagen des Bankversagens. Unsere Barone heimsten die Fischfangquoten ein und die Banken schenkten sie ihren Busenfreunden, ließen Gesetz und Regeln abschaffen und erklärten danach dem Wohlfahrtsstaat den Krieg. Oder richtiger: Wie in Mexiko boten sie an, sich darum zu kümmern. Um die Universitäten, die Museen, die Kultur. Wirtschaftshochschulen von Firmen gesponsert, die Psychiatrie von Pharmakonzernen. In Island stürzte der Geldadel die Gesellschaft in Schulden und schenkte ihr die Krumen der freien Marktwirtschaft, riss die besten Happen an sich und behielt sie. Die mexikanischen Drogenbarone haben die Politiker in der Tasche. Wer ihnen nicht gehorcht, verschwindet. So jedenfalls werden die zahlreichen Verschollenen in Juárez erklärt. Die Stadt kommt auf die Titelseiten der Tagespresse, Entsetzen greift um sich, danach werden die Forderungen der Drogenbarone erfüllt. Und alles wird wieder still. In Island wurde der Wirtschaft einfach gehorcht. Die meisten Politiker waren wie Hunde an der Kette, doch sie scheinen sich nicht zu schämen. Wir wollen uns nicht länger mit Moral befassen. Es war das Wirtschaftssystem. Die Kooperation von Polizei und Verbrechern in Juárez ist so eng, dass der Polizeichef der Stadt vor einigen Jahren mit einigen Kilo Kokain an der Grenze geschnappt wurde, als er gerade zu einer Tagung wollte, die den Drogen den Kampf ansagen sollte, *war on drogs*, und in Juárez kursieren Geschichten, wonach selbst die amerikanische Drogenbehörde sich in der Tasche der Barone befinden soll.

Überspitzt lautet die These der Barone, dass niemand ihrem Angebot standhalten kann, den Summen, die sie bieten. Haben wir das nicht schon einmal gehört, an anderer Stelle, in einem anderen Zusammenhang? Gab es Männer, die glaubten, niemand könnte sich ihrem Reichtum entziehen, ihrer Macht und ihrer Weisheit?

How they blackmailed the seargant-at-arms into leaving his post … Ja, hört euch »Just Like Tom Thumb's Blues« an. Bob Dylan hat es durchschaut. Ein Teil der Gewinne der Drogenbarone fließt in die Wahlkassen der Politiker und die Gesellschaft. Hochschulen, Schwimmbäder, Cafés, man weiß nie, was die Barone besitzen. Wie steht es mit den isländischen Wahlkassen, den teuren Vorwahlen zur Aufstellung der Listen, den Schubladenunternehmen? *When you are lost in rain in Juárez* … Nein, man muss sich nicht lange in der Stadt Juárez aufhalten, bis man die unglaublichsten Geschichten erfährt, und mexikanische Erzähler stehen den unseren in nichts nach. Ihre Erinnerung reicht weit in die Vergangenheit zurück. Verstorbene erscheinen völlig ungebeten. Mir wurde von einem Historiker erzählt, einem Spezialisten der englischen Geschichte des 19. Jahrhunderts. Er arbeitete als Gymnasiallehrer in einer Stadt unweit von Juárez und schlug sich mehr schlecht als recht durch. Er galt als sehr umgänglich, interessant und klug. Eines Tages setzten umfangreiche Renovierungsmaßnahmen an seinem Haus ein, es wuchs um eine ganze Etage, und am Ende handelte es sich um ein völlig neues Gebäude. Einige Wochen später standen zwei nagelneue Autos in der Einfahrt, und der einst unauffällig gekleidete Mann gebärdete sich plötzlich protzig und affektiert. Die Nachbarn flüsterten, doch niemand sagte etwas. Dann klopfte die Polizei an die Tür. Er wurde eingesperrt, kam aber schon bald wieder zurück und führte seinen neuen Lebensstil fort, nun mit einer Firma, die mit Antiquitäten handelte. In Island hörte ich eine ähnliche Geschichte von einer sehr klugen jungen Frau, die gerade ihr Wirtschaftsstudium abgeschlossen hatte und eine Stelle beim Finanzaufsichtsamt antrat. Sie verlangte Antworten auf dringende Fragen. Sie war noch nicht lange bei dem Amt beschäftigt, als ihr eine Stelle in einem Geldinstitut angeboten wurde, zu einem Vielfachen ihres Gehaltes, mit Kreditkarte, Auto und Erster-Klasse-Reisen mit Politikern, diesen superfähigen.

In Mexiko wird mit Drogen gehandelt. Man kann sich fragen, weshalb Nationen ein derartiges Handwerk betreiben, aber auch, welche Gesellschaften es benötigen. In Island wurde mit Geld gehandelt, das in einem höchst komplizierten Kreislauf durch immer die gleichen Hände floss, wobei es den Politikern zukam, den Finanzbaronen Orte und Institutionen zu überreichen, und wo Finanzbarone und Politiker manchmal ein und dieselbe Person in ein und derselben Partei waren. Vor dem Zusammenbruch der Banken wurde Geld produziert. Nun hat sich herausgestellt, dass ein Teil jenes Geldes in die Wahlkassen politischer Parteien floss. Die Selbständigkeitspartei liegt hier an der Spitze, und wenn auch keiner etwas zu wissen scheint oder Verantwortung trägt, haben alle geholfen.

Ich kam nach Mexiko und hörte viele Geschichten. Ein Mann erzählte von dem Dorf, in dem er geboren wurde. Er schilderte es wie eines jener öden Dörfer, die Gabriel García Márquez in seinen Kurzgeschichten beschreibt. Doch eines Tages zog ein Mann dorthin. Er erkannte die wirtschaftlich günstige Lage des Dorfes, erwarb ein verlassenes Anwesen am Dorfrand, ließ dort eine Landebahn anlegen und krempelte die Ärmel hoch. Straßenkinder und Bettler verschwanden aus der Dorfmitte. Diese wurde neu aufgebaut, mit Cafés und Geschäften. Die Polizisten erhielten neue Uniformen, und waren sie zuvor übellaunig, übergewichtig und arm, strahlten sie plötzlich vor Freude und pfiffen vor sich hin. Ein hochmodernes Schwimmbad wurde gebaut, und eine Hochschule spross zwischen den Kakteen. Ein neuer Bürgermeister erschien, ein hochgebildeter Zahnarzt. Das einzige ungeschriebene Gesetz betraf das Schwimmbad – der Mann, der am Ortsrand einen Hof gebaut hatte, reservierte es mittwochs für sich und seine Kumpane. Das Schwimmbad hatte mittwochs geöffnet, aber kein Unbefugter besuchte es.

Zurück nach Island: Sind jene Burschen etwa in Vergessenheit geraten, die hochgestellten Personen des Wirtschaftslebens nahestanden und mit 250 Millionen Kronen in der Tasche die Insel verließen und das Geld auf einem Devisenkonto anlegten, war es nicht in Dubai? Sie wurden festgenommen und wieder auf freien Fuß gesetzt, weil sie nichts Ungesetzliches getan hatten, sie folgten nur den Regeln und erledigten ihre Hausaufgaben. Etwa zur gleichen Zeit wurde jemand festgenommen, weil er ein paar Würstchen und Senf in einem Supermarkt mitgehen ließ. Er war Wiederholungstäter, vorbestraft und erhielt viele Monate Zuchthaus, die er nun absitzt. War etwa von Gerechtigkeit die Rede?

I started out on burgundy ... Der Erzähler in Bob Dylans Song kam kerngesund nach Juárez und verließ die Stadt kreidebleich wie ein Gespenst. Ich kam einigermaßen munter von dort zurück und notierte im September 2008 folgende Zeilen: »Und noch etwas geht einem Bewohner der nördlichen Hemisphäre in Juárez auf: die kolossale Bedeutung des Wohlfahrtssystems und jener allgemeinen Solidarität, die wir immerhin besitzen – einfach die Tatsache, dass in Island alle lesen können. Die Mexikaner betrachten uns als Wunder. Daher dürfen wir unser Wohlfahrtssystem nicht verramschen, die Geldhaie haben genug bekommen: Die Fischgründe, die Banken, Fluggesellschaften, Telekommunikation, und wir erleben, was daraus geworden ist. Wir wollen nein sagen, ehe Stracheldraht sich um die Anwesen zieht und Sozialhilfe ebenso beliebt wird wie im alten Monopoly.« So sollte der letzte Satz meines Essays im Programm *Mannamál* (Unverblümt) im Zweiten Programm lauten. Moderator Sigmundur Ernir hatte mich gebeten, einen Termin zu bestellen. Das tat ich. Da sagte er mir nach kurzem Zögern: »Wir hatten uns eigentlich gedacht, dich nicht zu strapazieren.«

Ich antwortete: »Ich bin nicht schlapp.«

Der Moderator hielt einen Moment inne und sagte dann: »Es ist eine Anordnung von oben.«

Ich witzelte mit dem Moderator über seine Vorgesetzten, weiter reichte es nicht. Der Moderator hatte das Recht, mich hinauszuwerfen. Diese Angelegenheit kam aus reinem Zufall wieder hoch. Das färöische Fernsehen interviewte mich, und ich erwähnte die Angelegenheit nebenbei, im Zusammenhang mit den Besitzverhältnissen der Presse. Die Nachricht geriet in die Internetmedien und in Zeitungen, und Sigmundur Ernir wurde nach dem Wahrheitsgehalt meiner Worte befragt. Er antwortete: »Unverblümt gesagt ist das Quatsch. Ich habe vollkommene editorische Freiheit.«

Der Medienmensch zögerte nicht, die Wahrheit elegant zu vertuschen. Kurz darauf warf der Chefredakteur der Tageszeitung DV, Reynir Traustason, einen jungen Journalisten hinaus. Auch Reynir wollte keine Zusammenhänge zugeben, bis der Journalist ein kleines Kassettengerät hervorzog und das Kündigungsgespräch abspielte. Sigmundur Ernir wurde von Übereifer ergriffen und forderte auf seiner Blogseite den Rücktritt des Zeitungschefredakteurs; er meint wohl, dass man so lange lügen darf, bis es herauskommt. So denken fast alle Politiker. Die »editorische Freiheit« stand nicht gerade hoch im Kurs, als der Intendant kurz danach seinerseits entlassen wurde – endlich »den Krallen der Milliardäre« entkommen, wie er selbst kommentierte. Nun ist er auf dem Weg ins Parlament, wahrscheinlich schon drin, wenn dieses Buch erscheint. Ob er wissen wird, wann er frei ist und wann in den Krallen der Milliardäre? *I'm going back to New York City, I do believe I've had enough,* so endet der Blues des Tom Daumen.

XI   Schlingerkielverbund

Vor einigen Jahren saß ich mit meinem Freund in einem alten, von ihm Leasing-Jeep genannten Suzuki-Allradfahrzeug, das doch viel weiter herumgekommen war als andere Fahrzeuge dieser Art. Er war damit kreuz und quer durchs Hochland gekurvt, auf die Gletscher gefahren und wieder hinunter, nach Westen und nach Osten, und kreuzte nach vielen Irrfahrten immer wieder auf, wie der Fliegende Holländer. Dieser Freund, der bei den Stadtwerken von Reykjavík arbeitet und daher viel in der Stadt herumkommt, sagte einmal, dass kaum etwas so kennzeichnend für Spätnachmittage in Reykjavík sei, als Frauen in einem SUV, die gerade vom Raumausstatter kämen. So formulierte er es, und dann fügte er hinzu: Die großen Straßen sind mit Fußgängerbrücken überspannt, die niemand benutzt, höchstens einmal im Monat eine Frau mit einem Hund – deren Auto ist wahrscheinlich in der Werkstatt, oder ihr Hund verträgt das Autofahren nicht.

Das ist einige Jahre her, und es ist nicht auszuschließen, dass die Zahl der Passanten auf Fußgängerbrücken gestiegen ist, jetzt, wo die Autokredite fällig werden; ich aber fuhr wie gesagt mit diesem Freund herum, das Radio war eingeschaltet und die Nachrichten begannen. Der Sprecher sagte etwas über die Zentralbank, sie hätte den Leitzins erhöht oder gesenkt. Mein Freund fragte: »Kannst du mir sagen, was ein Leitzins ist?« Ich überlegte eine Weile und antwortete: »Das werde ich tun, wenn du mir das Bruttosozialprodukt erklärst.«

Danach lachten wir beide, sprachen nicht mehr davon, nicht vom Leitzins und auch nicht vom Bruttosozialprodukt.

Wichtig an dieser Episode ist, dass sie sich vor einigen Jahren zutrug, wahrscheinlich sind es fünf. Damals bestand das Wirtschaftsleben aus Begriffen, einem Wortschwall der Fachleute, die sich allerdings häufig als subalterne Fachleute herausstellten, oder als falsche Propheten. Ihre Worte strömten ins eine Ohr und durch das andere wieder hinaus, und wir verstanden wenig von dem, was sie sagten. In der Tat waren wir ganz zufrieden damit, wenig Ahnung von den Begriffen der Wirtschaftswelt zu haben, einer Wirtschaftsphilosophie, die recht bemerkenswert ist, wenn man offen dafür ist, und die besten Wirtschaftswissenschaftler kann man eigentlich problemlos verstehen. Man kann es vielleicht als ein gewisses Merkmal der Robustheit einer Gesellschaft betrachten, wenn die Bürger sich nicht durch jeden Schlenker im Labyrinth der Finanzen tasten und die ganze Maschinerie begreifen müssen – so wie man eine Lampe anknipst, ohne die komplette Elektrizität zu verstehen, oder über eine Fußgängerbrücke geht, ohne Ingenieur zu sein. *You don't need a weatherman to know what the wind blows.* Doch genau dann, wenn alles in Ordnung zu sein scheint, die Marktaussichten recht gut sind und alles, was wir besitzen, im Geiste immer mehr wird, ist Gefahr im Anzug.

Wenn ich heute mit meinem Freund spreche, unterhalten wir uns wie hochgelehrte Ökonomen über Leitzinsen, Bruttosozialprodukt, Staatsverschuldung und den Bankenkollaps, die Währung und Devisenkörbe, Kursentwicklung, Indexbindung und Derivate. Wir greifen nach Worten wie Leerverkauf und Überkreuzverflechtungen, sprechen von Schlingerkielinvestoren, als würden wir sie persönlich kennen und wägen ab, welche Währung am besten für uns geeignet sein könnte. Nehmen wir zum Beispiel das Wort Schlingerkielinvestor. Es klingt schön. Ich erinnere mich, dass die ehemalige Wirtschaftsministerin Valgerður Sverrisdóttir dieses Wort häufig benutzte, als sie die Banken unter dem Beifall ihrer Parteigenossen privatisierte und ihnen den Reichtum auf einem Silbertablett übergab, mit allen Stempeln versehen, die bei der Staatsrevision und anderen Kontrollinstanzen vorhanden waren. Sie wiederholte in einem fort, wie wichtig es sei, Schlingerkielinvestoren zu haben, und die Leute zuckten mit den Schultern und nickten, *ja genau, es ist absolut unverzichtbar, Schlingerkielinvestoren zu haben,* und nun verlangt einer dieser Investoren, der eine ganze Bank ausgehändigt bekam, 180 Milliarden Kronen Schadensersatz. Genau dieser durfte die Bauernbank Búnaðarbanki für 12 Milliarden erwerben, als sie privatisiert wurde, und dazu nahm er einen Kredit in der Landsbankinn auf, die nun vor der Insolvenz gerettet wird. Offenbar war der Schlingerkiel seiner Investition nicht sehr stabil, doch die Wirtschaftsministerin behauptete, dass keine Korruption im Spiel sei, weil die Staatsrevision keine Beanstandungen gehabt hätte. Was hat sich der Staatsrevisor eigentlich gedacht? Höchstpersönlich erschien er als Stammaktionär in der Sparkasse von Hafnarfjörður, stolzierte mit 50 Millionen Kronen in der Tasche wieder hinaus und strebte dann ein Verfahren gegen irgendeinen Anwalt an, weil er meinte, mehr bekommen zu müssen. Jetzt, wo das Sponsoring von Parteien aufgedeckt wird, muss auch ans Licht kommen, was sich sonst noch abgespielt hat, denn der gesamte Privatisierungsprozess ist so absurd, dass die Begriffe Korruption und Unfähigkeit in der Luft wehen wie Wäsche auf der Leine.

Doch was bedeutet eigentlich Schlingerkielinvestor? Ein Schlingerkielinvestor vereint den größten Teil der Geschäftsanteile auf sich und soll die Kiellage des Schiffes stabilisieren, das Schlingern verhindern. Das Wort beschreibt genaugenommen denjenigen, der kraft seines Kapitals alle Fäden einer Firma in der Hand hält. Man könnte von einer undemokratischen Mehrheit sprechen. Stellt euch vor, die Wirtschaftsministerin hätte stets wiederholt, dass es sehr gut sei, über eine undemokratische Mehrheit in Firmen und Banken zu verfügen. Oder wie ein Witzbold sagte: Im isländischen Wirtschaftssystem geriet alles außer dem Wörterbuch der Zentralbank aus den Fugen; und hoffentlich wird dessen Lektor nicht vor die Tür gesetzt. Oder ist es am Ende genau jener Lektor, der seinen Koffer packen sollte? Kaum etwas finden Isländer so bemerkenswert wie die Schöpfung neuer Wörter. Vor einem Vierteljahrhundert, als AIDS sich in der Welt ausbreitete und die meisten Nationen von einem Gesundheitsproblem ausgingen, stritten wir Isländer uns heftig über das richtige Wort für das Problem. Auslöscher oder Generalanfälligkeit – *eyðni* oder *alnæmi*. Ich möchte keinesfalls an der isländischen Sitte, für alles Erdenkliche neue Wörter zu finden, herummäkeln und mich ebensowenig in ein sensibles Gesundheitsproblem einmischen, doch mit der Schöpfung hübscher Wörter für zweifelhafte Aktionen waren die Wirtschaftsphilosophen recht erfolgreich, sogar noch mehr als jene Drogenhändler, die den Namen Ecstasy in Umlauf brachten. Leerverkauf und Schlingerkielinvestor. Beide Wörter klingen schön und sind voluminös, und letzteres beschwört die Imagination eines kraftvollen, stabilen Schiffes herauf. Kreditlinie bedeutet nichts anderes als Überziehungskredit, doch es soll klingen wie eine Art Laserstrahl, der die Gesellschaft durchzieht. Wenn vom Öffnen der Kreditlinien oder Kreditfazilitäten gesprochen wird, bekommt man das Gefühl, dass eine Blockade fällt oder ein Kommunikationssystem sich erschließt.

Vielleicht habe ich keine Ahnung, wovon ich spreche, denn ich habe die Zentralbank nie betreten und die Kreditlinien, die Eigenmittelausstattung oder das Schlingerkielkapital nie gesehen. Doch ich kenne einen, der dort gearbeitet hat. Er wurde dann zu einer internationalen Bank in Frankreich versetzt; das war eine hohe Beförderung, so hoch, dass sie mit einer Beförderung vom einfachen isländischen Weihbischof zu höchsten Ehren im Vatikan verglichen werden könnte, lebten wir noch in katholischer Zeit. Als ich ihn vor kurzer Zeit traf und nach der wirtschaftlichen Lage fragte, wie es normal ist, wenn ein Laie einem Fachmann begegnet, antwortete er, dass er mir von dem, was er wisse, nichts sagen dürfe. Genauso hat die isländische Allgemeinheit das ganze System erlebt. Verantwortliche durften nicht sagen, was sie wussten, aber sie wussten auch nicht, was sie sagten. In den Zeitungen liest man regelrechte Agentenromane, vom großen Plan und vom kleinen Plan, was der vorhat und jener, während die Analyse des Zustands auf sich warten lässt. Doch um von all der Wut, der Verbitterung und Unlogik, die in der Luft liegen, nicht angesteckt zu werden, sollte man auf die alten Ökonomen und Philosophen zurückgreifen und ihre Texte lesen. Danach sollte man einen Radikalen besuchen, der längst wegen seiner Ansichten gekündigt worden ist oder unter der Räteherrschaft der freien Marktwirtschaft nie eine Stelle bekam. Es gibt aber auch andere alte Radikale, die sich in Derivaten der Banken baden, doch die erinnern sich nicht mehr an die Vergangenheit, weil dort keine Konkursverwaltung existiert. Die Schulden der Nation sind die Hauptsache, aber daran soll nichts verändert werden, außer sie zu bezahlen, obwohl sie nicht bezahlt werden können, weil diejenigen, die sie verursachten, nicht zur Verantwortung gezogen werden. Ach doch, es soll etwas unternommen werden, falls der Untersuchungsausschuss etwas Ungesetzliches feststellen sollte, doch in diesem Ausschuss wurde lange Zeit nur eine Angelegenheit in Verbindung mit dem Bankenkollaps geprüft, denn es ist offenbar nichts unnatürlich oder ungesetzlich daran, eine ganze Nation in den Bankrott zu treiben und ihren guten Ruf zu ruinieren.

Ich habe ganz stark das Gefühl, dass die politische Denkfähigkeit nachgelassen hat. Die Hochschulgeneration, geboren um die Mitte des letzten Jahrhunderts, auch Achtundsechziger genannt, lässt wenig von sich hören. *Ich sah die besten Köpfe meiner Generation zerstört von der freien Marktwirtschaft,* würde Allen Ginsberg dichten, wäre er noch in Schwung. Selig sei sein Andenken. Früher sprach man in Island von der Verantwortung der Gebildeten, die unter anderem darin lag, die Spreu vom Weizen zu trennen und zu verhindern, dass die gesellschaftliche Diskussion auf ein im Schatten liegendes, niedriges Niveau absinkt. Doch gemessen am Stil der Parlamentssitzungen vor den Wahlen 2009 sind wir auf trauriges Schattenniveau gesunken. Nicht, dass ich etwas gegen Burschikosität und Sprüche hätte, doch die Ignoranz war unerhört. Die Diskussion geriet aus den Fugen, wie ein Geisterschiff, dessen verblichene Mannschaft noch immer an ihre Kreuzfahrt glaubt. Nach achtzehn Jahren in der Regierung sprachen Vertreter der Selbständigkeitspartei so, als wären sie nicht dabeigewesen und wüssten nicht, welch eine Schreckenspolitik sie über der Nation heraufbeschworen hatten. In Reportagen des Fernsehens werden mit größter Selbstverständlichkeit die fanatischsten Thesen aus dem rechten Feld, wonach die Finanzkrise von Subprime-Krediten der USA ausginge, herangezogen. Bemerkenswert, wie das Wort *subprime*, zweitklassig, nach Unterschicht riecht. In den USA wird die Subprime-Kredit-Erklärung herangezogen, um die Bush-Regierung zu entlasten, und es gibt sogar Lobbyisten der Finanzindustrie, die die Krise Bill Clinton in die Schuhe schieben wollen. Eine isländische Variante jener These lautet so, dass eine Frau in der Schlafstadt Breiðholt einen Flachbildschirm kaufte und damit den Abschwung heraufbeschwor; dass das Volk es sich selbst zuzuschreiben hat.

Doch zurück zum Parlament. Was sehen wir da? Gezeter. Diskussionsversuche. Ausschusskultur. Sogar einer Wahrsagerin aus Akranes, Sprecherin der isländischen Freien Demokraten, ging der Hut hoch. Ihr Parteigenosse sprach von Sauerampfer. Es war wie im Kindergarten. Nach einer Woche in der Opposition hatte die Selbständigkeitspartei den Zusammenbruch vergessen und debattierte über das Urheberrecht von Parlamentsvorlagen. Die Mitglieder der Selbständigkeitspartei treten aus der Situation hervor und tun so, als ob sie nie dringesteckt hätten. Wie einer, der einen Entzug hinter sich hat und nun eine Anstellung als Barkeeper erhält, und dann so tut, als hätte er nie eine Bar von innen gesehen. Nun befinden wir uns in Ibsens *Wildente* und müssen mit der Selbsttäuschung leben, die manch einem gelegen kommt. Und dann kam das nächste Thema auf den Tisch, die bedauernswerten Bankchefs und Beamten, die entlassen worden waren. Erneut wurde über Mobbing diskutiert, wie link alle zu ihnen seien, den Bankern, die vor den Ruinen ihres eigenen Systems standen, und den Beamten, die des Insiderhandels verdächtigt werden. Rechtsregierung über achtzehn Jahre, Linksregierung über zwei Monate. Ist es da nicht normal, dass Köpfe rollen? Vielleicht sollten die Gekündigten von Davíð Oddsson lernen, der, als ihm seine Stelle als Zentralbankchef gekündigt wurde, sagte: Ich werde es mir überlegen. In der Tat handelt es sich hier um eine brillante Idee. Wenn die Gesellschaft es sich nicht zutraut, eine Firma mit Angestellten zu betreiben, sollten die Angestellten dann nicht die Firma übernehmen und die Gesellschaft betreiben? Nein, nicht nur die Sprache versagt, sondern auch die Denkweise. Die Privilegien der Machthabenden sind zum Bestandteil ihrer Denkweise geworden. Das belegt beispielsweise der großzügige Rentenbeschluss des Parlaments zugunsten von Parlamentariern. Wenn die Allgemeinheit die gleiche Argumentation benutzte wie die Privilegierten, befände sich das Land im Aufruhr. Das Volk würde ablehnen, nach der Kündigung zu gehen, wir würden über jede Putzfrau, die ihre Stelle verliert, in Tränen ausbrechen, und so könnte man lange weitermachen.

Ein wenig mehr zur Verantwortung, der Verantwortung der Diskussion. Die Verantwortung der Diskussion lag darin, die Dinge im Zusammenhang zu sehen, den Kern; Abweichungen zu erkennen, die Gesetzmäßigkeiten zu untersuchen. So gesehen kann sich die Diskussion um die Finanzmisere nicht darum drehen, wer wann wen angerufen hat, wen man durch schmutzige Aktionen ausschalten wollte, oder wer der beste und wer der schlechteste Milliardär ist. Dies war das gedankliche Umfeld der modernisierten Sozialdemokraten, nachdem sie Marktlösungen entdeckten und den Wirtschaftsliberalismus. Bekanntlich zeichnen sich nicht wenige Parteigenossen des linken Flügels, die Absplitterungen und

Vereinigungen durchliefen, vorzugsweise durch Türenknallen aus. Es sind Gruppierungen, die sich ununterbrochen über des Kaisers Bart streiten und ihre Ziele aus den Augen verloren haben. Das ist auch der Grund dafür, dass die allermeisten Linken keiner Partei oder Liste angehörten und sich nicht um Politik scherten. Dadurch öffneten sich die Parteitüren für allerhand Durchschnittsbürger, Streithähne und Streber. Sie hatten vergessen, den herrschenden Zustand kenntnisreich und verantwortungsvoll zu analysieren, aus Einsicht und tiefer Erwägung – eine Tradition, auf der wahre linke Politik basiert. Darin liegt der Kampfgeist. Mangel daran ist das Problem, mit dem die Sozialdemokratische Union zu kämpfen hat. Anstatt beispielsweise Ideen zu kritisieren, die hinter den Handlungen von Zentralbankchef Davíð Oddsson stehen, war die Sozialdemokratische Union derart von der Person Davíðs besessen, dass sie sie zum Kern des Problems machte. Was für Davíð, nebenbei bemerkt, wie die beste Butterflöckchenmethode wirkte, denn in der Zwischenzeit wurde restlos vernachlässigt, die Nation über Lösungsansätze sozialdemokratischer Politik zu informieren. Statt dessen übernahm die Sozialdemokratische Union die Argumentation der freien Marktwirtschaft, als der Geist einer neuen Epoche eingeläutet wurde und ein Rückblick in die Vergangenheit nicht vorgesehen war. Es mag sogar sein, dass dieser Prozess bereits einsetzte, als der amtierende Präsident Ólafur Ragnar Grímsson noch Finanzminister war und man beweisen wollte, dass Linke ebenso gute Finanzsachverständige seien als Rechte. Es wurde behauptet, man müsse nur auf den richtigen Mann setzen; als ein bestimmter Kreis als hergelaufene Bengel bezeichnet und aus der Hochburg der Selbständigkeitspartei ausgeschlossen wurde, nahmen die Sozialdemokraten ihn mit

Kusshand auf. Nun zeigt sich auch noch, dass große Konzerne wie Baugur und Kaupthing die Sozialdemokratische Union gesponsert hatten. Ganze elf Millionen flossen allein 2006 aus den Kassen von Baugur. Das ist zwar eine ernste Angelegenheit, jedoch nicht die Hauptsache. Kern der Sache ist, dass Sozialdemokraten Verbündete in den Reihen der Wirtschaft fanden und sich zu deren Sprechern machten. Das ist *Blairismus* direkt in die Vene, eine Politik, von Sozialdemokraten in ganz Europa praktiziert. In Island konnte sie sich wegen undemokratischer Methoden, Labilität und allgemeiner Unfähigkeit eiskalt und extrem ausbreiten. Die sozialdemokratische Außenministerin erklärte ihre Übereinstimmung mit dem Quotensystem der Fischerei. Der sozialdemokratische Industrieminister zog mit Kaupthingvertretern und dem Präsidenten der Republik durch die Lande und betonte wie jeder andere Katastrophenkapitalist oft und gern, wie Island Know-How und Kapital gegen Anteile an den Ressourcen anderer Länder eintausche. In seinem Gefolge befanden sich Genies auf dem Gebiet der Ressourcenwirtschaft. Das sollte genügen, um auf eindrucksvolle Weise darzulegen, wie Sozialdemokraten auf die Ideen der freien Marktwirtschaft reagierten und kaum etwas heißer ersehnten, als mit den konservativen Marktvertretern unter einer Decke zu stecken. So geschah es, und dieser Horror wurde im Sommer 2007 auf der historischen Parlamentsstätte Þingvellir mit einem Kuss besiegelt. Möglicherweise wird dieser Kuss als einer der schicksalhaftesten in die Annalen der isländischen Geschichte eingehen und in historischen Romanen der Zukunft eine wichtige Rolle spielen. Die Epoche des *Blairismus* war auch die Epoche der Imagegestalter. Sie schrieben Reden der Expansionswikinger mit einer Hand und verbreiteten die Politik der Sozialdemokraten und des Präsidenten mit der anderen. Ein solches Werbebüro vertrat auch jenen norwegischen Militärberater, der behauptete, einen Notstandsplan der NATO in der Tasche zu haben und Ministerpräsident Haarde das Sprechen zu lehren.

Die politische Entwicklung, die der Staatspräsident Islands durchgemacht hat, bringt den Niedergang sozialdemokratischer Politik auf den Punkt, und so etwas wird nicht mit einer Silvesteransprache vom Tisch gefegt. Warum ruft der Präsident nicht seine Freunde, die Expansionswikinger, zusammen und verlangt von ihnen, die Beute zurückzugeben, zumal Wirtschaftswissenschaftler behaupten, es sei theoretisch unmöglich, all die Kredite und all die eingestrichenen Gewinne aus Unternehmensverkäufen auf den Kopf zu hauen. Ein anderer Weg bleibt dem Präsidenten nicht, um das Vertrauen der Nation zurückzugewinnen. Anstatt Expansionswikinger zum Essen mit amerikanischen Spekulantinnen einzuladen, sollte er sie auf den Teppich zitieren und ihnen den Marsch blasen. Damit würde der Präsident sein Siegel ins Kompromissbuch der isländischen Geschichte setzen. Tut er es nicht, wird er zunehmenden sozialen Barrieren, tieferen Schützengräben und absolutem Misstrauen ins Auge sehen, denn sowohl er als auch die Sozialdemokratische Union hatten Anteil an der Täuschung der Nation und der internationalen Gemeinschaft, mit unvorhersehbaren Konsequenzen. Dort liegt die Verantwortung, und dieses Blatt muss gewendet werden.

Jón Ásgeir Jóhannesson stellte mir im *Morgunblaðið* am 20. Januar 2009 eine Frage. Seine Argumentation ist nicht von Feigheit oder jenem Selbstbedauern geprägt, das Politiker sich angeeignet haben. Er ist kein Mickerling, sondern ein Wikinger. Andere Finanzbarone lassen nichts von sich hören und wirken im Vergleich zu ihm wie Angsthasen. Man würde ihnen den Beinamen Wikinger am liebsten aberkennen. Jón Ásgeir dagegen tritt forsch auf, erklärt seinen Standpunkt und antwortet aus vollem Halse. Im zweiten Artikel von *Morgunblaðið* unter der Überschrift »Habe ich Island ruiniert?« schreibt er am 29. Dezember 2008, dass er bereit sei, die Diskussion mit Argumenten und Fairness zu führen. Toll, wenn daraus etwas würde und die Zivilisierung der Gesellschaft sich auf ebenso friedliche Weise vollziehen könnte wie seinerzeit die Übernahme des Christentums, was bedeuten würde, dass Jón Ásgeir und Konsorten einfach die verschuldeten Übernahmen katalogisierten und die Beute aushändigten, ganz im Sinne echter Wikinger. Unzählige Schubladenfirmen würden geöffnet, und wir dürften Fotos aus Steueroasen mit herrlichen Palmen bestaunen und Yachten, die zu Küstenwachtschiffen umgerüstet werden könnten. So könnten sie sich freikaufen, die Expansionswikinger, und dem Vorwurf, *etwas Unnatürliches oder Ungesetzliches* habe sich vollzogen, entgehen.

Wenn Jón Ásgeir mir Unkenntnis hinsichtlich der Schulden seines Imperiums vorwirft, wobei ich die Zahlen nur der allgemeinen Diskussion entnehme, kann er sich das in mancher Hinsicht selbst zuschreiben, sowie der Regierung. Die Regierung hat die Öffentlichkeit nicht über die Schuldenlage informiert, welche verantwortungslose Kredite der Banker über sie heraufbeschworen haben, und alle Überkreuzverflechtungen der Firmen, mit denen Jón Ásgeir in Verbindung gebracht wird, sind so kompliziert, dass sie nur Spezialisten verständlich sind. Wenn ich von seinen Firmen wie Fons und Stím und Sterling lese, stehe ich all diesen geistigen Höhenflügen baff gegenüber und erlaube mir zu behaupten, dass jene Männer, wären sie Mathematiker oder Dichter, einer wie der andere auf ihrem Gebiet glänzen würden. Die Tricks und Finanzformeln sind für Dummköpfe zu kompliziert. Ein einziger Mangel jedoch tut sich auf, wenn die Wolkenburgen zur Erde stürzen – dann sind es andere, die darunter landen.

Jón Ásgeir betritt in seinem Artikel auch literarische Pfade und spricht von poetischer Wissenschaft und von Realität und hebt hervor, dass ich in irgendeiner wunderlichen Welt lebe. Da mag er in gewissem Sinne durchaus richtig liegen, doch wenn die nämliche poetische Wissenschaft auf die Aktionen von Jón Ásgeir und die ganze Überkreuzverbindungsphilosophie rund um ihn und seine Firmen übertragen wird, kann es sich dabei ganz eindeutig nur um Science-fiction handeln. Meine poetische Wissenschaft ist relativ realistisch und erdverbunden. Ich könnte zum Beispiel niemals Bücher verkaufen, die keine Seiten enthalten, und wenn dies jemandem aus meiner Branche gelingen sollte, würde ich den Hut vor ihm ziehen. Ich gründe meine geistigen Höhenflüge auf Realität, und die kann natürlich aus den Fugen geraten, insbesondere mitten in all diesen astronomischen Ziffern der Überkreuzverflechtungen, Supergehälter, Kredite mit neun Nullen, jenes kompletten Systems, das Jón Ásgeir und seine Kumpane konstruiert haben und das jede Statistik und jedes Verständnis von Summen verzerrte. Wenn einem Durchschnitts-Expansionswikinger ein Durchschnittsgehalt auf monatlicher Basis angerechnet würde, so hat man mir gesagt, hätten die Gehaltszahlungen ungefähr 4000 vor Christi einsetzen müssen.

Die 1000 Milliarden, die Jón Ásgeir als Schulden zugeschrieben werden, mögen eine Legende sein, erst von seinen ehemaligen Mitarbeitern in Umlauf gebracht, danach vom Zentralbankchef aufgegriffen. Ich habe diese Zahl gehört, und als Jón Ásgeir im Fernsehen nach ihr befragt wurde, widersprach er und sagte, er schulde 900 Milliarden. Hundert Milliarden sind eine enorme Geldsumme, die nicht einmal von einem Schriftsteller mit gigantischer Übertreibung im Kopf bewältigt werden kann, dennoch geht es dabei kaum um Leben und Tod, und ich möchte an dieser Stelle betonen, dass ich unter normalen gesellschaftlichen Verhältnissen keinerlei Interesse an den Schulden dieses Konzerns gehabt hätte. Ich hätte nur versucht, meine Darlehen abzutragen und ganz normal zu leben, meine Bücher zu schreiben und so weiter und so fort. Doch irgendwie scheinen diese Schulden derart auf das System gewirkt zu haben, dass es schlicht und einfach kollabierte, vielleicht nicht wegen der Schulden von Jón Ásgeir als solchem, sondern weil sich in der Folge eine absurde Kettenreaktion abspulte, die nun bewirkt, dass tagtäglich derartige Kreationen aus dem Hut der Gesellschaft hervorgezogen werden, die selbst dem Autor von *Alice im Wunderland* hätten entgleiten können; die meisten dieser Wunderwerke tragen die Fingerabdrücke raffinierter Spekulation; und natürlich ist *nichts unnatürlich und ungesetzlich* an ihnen, außer dass sie unser Land auf den Kopf stellten, das Land, in dem ich und Jón Ásgeir zu Hause sind.

Ich möchte in Sachen Verschuldung ein wenig konkreter werden. Als Davíð Oddsson versicherte, die Schulden Jón Ásgeirs beliefen sich auf 1000 Milliarden, korrigierte dieser und sagte, die Schulden seiner drei größten Unternehmen beliefen sich auf 900 Milliarden, nicht 1000. Zugleich gab er an, dass sein Eigentum 1200 Milliarden betrüge. Weiter sagte Jón Ásgeir am 18. November 2008 in einem Interview mit *visir.is*:

»Der Zentralbankchef verweist wahrscheinlich auf die Gesamtschulden dreier Firmen, an denen ich und meine Familie
unterschiedlich große Anteile haben, nämlich Stoðir, Baugur
und Landic Property. Hier sprechen wir von drei der zehn
größten Unternehmen Islands, und natürlich werden diese
Unternehmen teilweise von isländischen Banken finanziert,
wie alle anderen isländischen Firmen.« Und der Reporter
fügte an: »Jón Ásgeir sagt, dass die Bilanzen seiner Firmen
vorlägen. Zur Mitte dieses Jahres belief sich das Guthaben
seiner Firmen Stoðir, Baugur und Landic Property auf 1200
Milliarden Kronen, das Eigenkapital auf 300 Milliarden, und
die Schulden auf 900 Milliarden.«

»Diese Firmen waren daher nicht höher verschuldet als
allgemein üblich«, behauptet Jón Ásgeir. Es ist nicht möglich,
den realen Wert jener Firmen zu beziffern, weil dieser vor dem
Kollaps gemessen worden ist. Landic Property ist eine Immo-
bilienfirma, und der Immobilienpreis sackte ab. Baugur ist im
Einzelhandel tätig und kämpft nun in Großbritannien ums
Überleben. Stoðir befindet sich in Insolvenz und deren größter Besitz, die Bank Glitnir, nun Íslandsbanki, ist wertlos.

Im genannten Artikel »Habe ich Island ruiniert?« veranschlagt Jón Ásgeir die Schulden von Baugur gegenüber isländischen Kreditinstituten mit 160 Milliarden Kronen, doch in
einem Interview mit *Financial Times* am 3. Oktober 2008 gibt
er an, der größte Teil der Baugur-Schulden läge bei ausländischen Geldinstituten. Holdinggesellschaften, die sich ganz
oder teilweise im Besitz von Jón Ásgeir befinden, belaufen
sich nach einer Liste, die dieses Kapitel allzusehr ausdehnen
würde, auf über fünfzig. Dass Schulden abgeschrieben werden, ist ebenfalls allgemein bekannt. Die Betriebsführung
verlangt Abschreibungen, Strohmänner kaufen die Betriebe,

und Tricks werden angewandt. Große Betriebe, nicht unbedingt im Besitz von Jón Ásgeir, nehmen die Werte an sich und lassen die Schulden zurück. Und selbstverständlich ist daran nichts *unnatürlich und ungesetzlich*.

Jón Ásgeir behauptet, der Ebitda-Gewinn seiner Firmen in Großbritannien betrüge um die 60 Milliarden Kronen. Ebitda wird als »earnings before interest, taxes …« definiert, also Ertrag vor Zinsen, Steuern und Abschreibung. Die Verschuldung von Baugur, zitiert nach dem Habe-ich-Island-ruiniert-Artikel und dem Interview in *Financial Times*, beläuft sich auf 320 Milliarden. Nun zweifle ich nicht an der Genialität der Weber im Dienste Jón Ásgeirs, doch ich muss wie das Kind in *Des Kaisers neue Kleider* fragen: Wie kann der Ebitda-Ertrag von 60 Milliarden, am Ende sogar weniger, ausreichen, um 320 Milliarden Schulden zu tilgen? Es liegt mir fern, darin einen Fall für den Untersuchungsrichter zu vermuten, doch es ergibt sich von selbst, dass die Erträge aus den britischen Unternehmen die Schulden von Baugur keineswegs decken können. Und nun kommt das Beste: Früher besaß Baugur Banken, die – mit entsprechenden Konsequenzen für Island – endlos Kredite verteilten. Doch es ist offenbar *nichts unnatürlich und ungesetzlich* daran, eine komplette Nation zu ruinieren. Sie wäre natürlich nicht ruiniert, wenn Jón Ásgeir Zugriff zu weiteren Banken oder dem Scheckheft von Zentralbankchef Davíð Oddsson gehabt hätte.

Nun ist Baugur bankrott, und die Yacht Jón Ásgeirs wird auf den Gegenwert eines neuen Küstenwachtschiffes veranschlagt. Woher kam das Geld für die Yacht? Nach *Daily Telegraph* wurde das Eigentumsrecht an wertvollen Immobilien in Großbritannien und Dänemark sowie an einer Skihütte in den französischen Alpen von Baugur zur Holdinggesellschaft

Gaumur transferiert, wohlgemerkt kurz nach dem Zusammenbruch der Banken im Oktober 2008. Muss hervorgehoben werden, dass Gaumur sich zu 100 % im Besitz von Baugur, Jón Ásgeir und seinen Leuten befindet? Gaumur glaubte, dass Baugur ihm etwas schulde. Jón Ásgeir schuldete Jón Ásgeir Geld, und wie von ungefähr schien er bereit gewesen zu sein, diese Schuld zu begleichen, aber keine andere. Ja, kurz vor dem obengenannten 160 000-Millionen-Bankrott von Baugur beschloss Jón Ásgeir, dass er Jón Ásgeir das begleiche, was er Jón Ásgeir schuldete. Mit anderen Worten, aus Großzügigkeit zahlte Baugur an Gaumur, und Gaumur übernahm in der Folge wertvollen Baugur-Besitz, den Baugur genaugenommen aber nicht besaß. Erinnert dies nicht deutlich an klassische Philosophie, jene These vom unschlüssigen Schluss? Damit dürften die isländischen Staatsbanken zufrieden sein, und der ehemalige Gewerkschaftsboss, der nun Landsbankinn leitet und die Nation kürzlich um Verzeihung für die groben Fehler seiner Bank bat, dürfte dieser Entschuldigung Taten folgen lassen und in diesem sowie ähnlich gelagerten Fällen anpacken.

XII Landesverrat aus Fahrlässigkeit: Die Zeiten ändern sich.

NICHT ZUM ERSTEN MAL

Ein Erwachen breitet sich aus, und wie es scheint, in der ganzen Welt. Nicht nur die Räder des Erwerbslebens müssen sich drehen; auch das Rad der Geschichte dreht sich, selbst mit abgefahrenen Reifen und geborstenen Speichen. Die Topfdeckelrevolution war der erste Hinweis auf ein Erwachen in Island, eines geistigen und sozialen Erwachens, das beispielhaft war und in weiten Teilen der Welt aufmerksam registriert wurde. Zweifellos handelt es sich dabei um vorzügliches Marketing für Island, um zu diesem einheimischen und geläufigen Klischee zu greifen. Weil aber Geldaristokratie und Islands Regierung den Ruf des Landes auf dem Gewissen haben, spielt das leider keine Rolle, und den guten Ruf können wir nur zurückerobern, indem wir zeigen, wozu wir fähig sind. Mit anderen Worten, wir müssen unsere Gesellschaft verändern, ohne darüber zu jammern, dass unser Ruf untergegangen ist, und zu versuchen, ausländischen Häuptlingen den Hof zu machen. Die Topfdeckelrevolution war der erste Schritt, auch wenn sie so gesehen kaum von konkretem Erfolg gekrönt war, außer dass wir zeigten, wozu wir fähig waren, und das ist für sich genommen ein großer Erfolg. Wir retteten unseren Ruf und Stolz, die ein restlos korrumpierter Liberalismus, eine unfähige Regierung und eine unmoralische Oberschicht in den Dreck gezogen hatten.

Kern der Sache ist dieser: Wir können all die absurden

Verpflichtungen, die uns auferlegt werden, nicht übernehmen, doch der Internationale Währungsfond will sich dafür
engagieren, dass wir es tun, und die EU wird dabei die Steig-
bügel halten. Uns bleibt nur, die Bedingungen des Fonds ab-
zuschütteln oder auf grundlegenden Änderungen des Ver-
tragsentwurfs zu bestehen. Die Verpflichtungen sollten wir
an jene verweisen, die den Schaden heraufbeschworen haben, also die Geldaristokratie und die Regierung. Leider
scheint diese Quintessenz in Vergessenheit geraten zu sein,
was bedeutet, dass die Verpflichtungen im Einvernehmen
auf Regierungsebene auf die Allgemeinheit abgewälzt worden sind. Es heißt, dass Islands Finanzloch 2000 Milliarden Kronen beträgt. Dafür ist die isländische Allgemeinheit
nicht verantwortlich, vielmehr ist es durch gewagte Finanz-
geschäfte und das Kreditgebahren der Banken sowie deren
völlig nutzlose, doch gewinnbringende Investitionen entstanden. Regierung und Kontrollinstanzen tragen die Schuld an
den gewagten Darlehnsgeschäften. Dazu kommen überteu-
erte Vorwahlen der Parteien, und schon liegt das Rechen-
exempel offen. Weil Parteien sowie einzelne Politiker Fördergelder bezogen haben, erklärt sich, wie tölpelhaft sie sich in
Bankangelegenheiten und dem gesamten Zusammenbruch
verhalten haben. Das Wort Korruption liegt auf den Lippen,
das Wort Bestechung ist nicht fern. So soll es nicht genannt
werden, doch wann fragt schon einer, der einen anderen
schmieren will: Darf ich dich bestechen? Nein, Bestechung
ist auch in Island eine schweigende Übereinkunft. Nur eine
Partei scheint frei von Kriecherei gegenüber des Geldadels zu
sein, die Links-Grünen. Diese Partei ist die einzige aufrich-
tige Regierungspartei, doch wie wird es um ihre Aufrichtig-
keit bestellt sein, wenn sie die Ansichten der Gläubiger über-

nimmt und der Schuldenabwälzung auf die Allgemeinheit zustimmt?

Wir können es uns nicht leisten, an der leichtfertigen Finanzpolitik der Vergangenheit vorbeizusehen. Sie wahrzunehmen ist die absolute Voraussetzung dafür, in einer zivilisierten Gesellschaft leben zu können, in einer Wohlfahrtsgesellschaft, die uns und unseren Kindern Bildung und Gesundheitswesen garantiert und den Senioren einen angenehmen Lebensabend. Die Krise, der wir uns gegenübersehen, ist um ein Vielfaches schwerer als die Krise in vergleichbaren Nachbarländern vor rund zwanzig Jahren. In Finnland beliefen sich die Staatsschulden auf 60 % des Bruttosozialprodukts, die Schulden des isländischen Staatshaushaltes jedoch betragen mehr als 200 %. Die Gesamtschulden Schwedens während der dortigen Bankenkrise, so heißt es, sind vergleichbar mit den jetzigen isländischen Verpflichtungen. Doch da gibt es einen Schönheitsfehler: In Schweden leben dreißigmal mehr Leute als in Island. Italien mit einem Volk von knapp 60 Millionen schuldet die gleiche Summe wie Island. Die isländische Allgemeinheit hat bereits tiefgreifende Einbußen ihrer Renten hinnehmen müssen. Während Arbeitslosigkeit herrscht, verlassen viele Bürger das Land. Andere brechen unter der Last inflationsgebundener Darlehen zusammen, den Rekordzinsen und ausländischen Darlehnskörben mit drastischem Devisenkursanstieg. Keiner der Betroffenen könnte es verkraften, auch nur einen geringen Anteil jener 2000 Milliarden Kronen zu begleichen, die die Staatskasse schuldet. Als einzig passable Lösung des Problems gilt es, die Steinreichen zur Kasse zu bitten, die für die Krise verantwortlich sind. Während sie auf die Baisse der Isländischen Krone setzten, ermunterten sie die Bürger, deren Kurs hochzuhalten.

Der geschätzte Gewinn dieser Wette beträgt 1000 Milliarden Kronen. Das ist die Summe, die zurückgeholt werden muss; zusammen mit jenem Geld, das durch die bankrotten Banken in Tochterfirmen ihrer ehemaligen Besitzer strömte. Es steht nichts anderes zur Wahl, als dass die Spekulanten ihre Schulden begleichen. In einfachen Beispielen berechnet, bedeutet dies: Die Leitung des Landeskrankenhauses wird im laufenden Jahr veranlasst, 2,8 Milliarden Kronen einzusparen, eine Summe, die an die Aufwandsentschädigungen von Hannes Smárason, ehemals FL-Group, im Jahr 2007 herankommt. Sie ist zweifelsohne in seine Teilhabergesellschaft Oddaflug BV in Amsterdam geflossen. Im gleichen Jahr, 2007, zahlten sich die FL-Group-Direktoren die höchsten Gewinne der isländischen Geschichte aus, 16 Milliarden Kronen. Einige Monate später stand in ihrer FL-Fluggesellschaft kein Stein mehr auf dem anderen.

Doch jeder Welle folgt die nächste. Die gleichen Genies setzten 2008 mit Sonderzahlungen einen neuen Rekord, indem sie 13,5 Milliarden Gewinn aus der Sparkasse BYR zogen. Einige waren aus dem Wagen gefallen, andere aufgesprungen. Um an diese Summe zu gelangen, ließen sie die Bank Glitnir, über die sie selbst bestimmten, 26 Milliarden an Byr als erweitertes Stammkapital ausleihen. Die Dividenden wurden dann an diesem erweiterten Stammkapital gemessen. Nun sitzt Glitnir, heute Íslandsbankinn, auf diesen Schulden, während die Sparkasse Byr den isländischen Staat um Beistand in Höhe von 11 Milliarden Kronen anging. Mit anderen Worten: Der Gewinn wurde privatisiert, die Schulden werden verstaatlicht. Und diesen Humbug will uns die Regierung vorsetzen? Sollen wir wirklich endlosem Bankgewäsch, Gesetzeslücken sowie unverständlichen Personen unser Ohr schenken, die behaupten, *damals* sei das in Ordnung gewesen, *damals* habe sich *nichts Unnatürliches* und *nichts Ungesetzliches* zugetragen?

Kann man da nicht einfach nach dem Gerechtigkeitssinn fragen? Ist es nicht einfach fair, gerecht und vernünftig, dass diese 13,5 Milliarden zurückgezahlt werden? Wenn eine Transaktion wie diese nicht öffentlich diskutiert wird, hat es den Anschein, dass es völlig natürlich ist, eine komplette Nation zu ruinieren. Betrachten wir die Gewinnausschüttungen jener Finanzgenies ein wenig genauer. Sie hatten überschuldete Luftblasenfirmen gegründet und deren Bilanzen mit Goodwillgequatsche aufgebläht. Man könnte diesen Mummenschanz in »Sterling« berechnen; es ist wohl bekannt, wie diese Fluggesellschaft die Eigentümer zu einem stets steigenden Preis wechselte, genau zu jenem Zeitpunkt, als sich Gewinnausschüttungen in höchsten Höhen befanden. Die Überkreuzverbindungen innerhalb jener Fluggesellschaft sind mit dem ENRON-Kartenhaus verglichen worden. Auf der Basis von Goodwill und Verschuldung wurden schwindelerregende Dividenden gezahlt, im Grunde für nichts.

Betrachten wir das isländische Wirtschaftsblatt *Markaður-inn* vom 14. März 2007. Die Schlagzeile der Titelseite lautet: *Siebzig Milliarden Gewinnausschüttung.* Dort wird von den bereits erwähnten 16 Milliarden Dividenden von FL-Group im Jahr 2007 berichtet. Werden die Aktiengesellschaften Exista und KB-Bank hinzugerechnet, erhöhen sich die Dividenden um 35 Milliarden. Zusammen mit anderen Gewinnausschüttungen anderer Firmen des Finanzsektors beträgt die Gesamtsumme eines Jahres 72 Milliarden Kronen – ein Jahr vor dem Zusammenbruch des Bankensystems. Ob darin nicht ein Teil der Ursachen liegt? Und wenn ja, stellt sich die Frage nach der Verantwortung jener, die die Dividenden einstrichen.

Das sollten wir einmal in Ziffern wirken lassen. 72 000 000 000 Kronen als Dividenden. 72 und dann neun Nullen. Eine Handvoll Individuen erhält den größten Teil dieser Summe. Um das in verständliche Größen zu bringen, handelt es sich um 1500 mittelgroße Einfamilienhäuser, 3000 Wohnungen in Mehrfamilienhäusern, mehr als 100 000 Autos, das Jahresgehalt von 12 000 Personen mit einer halben Million Monatsgehalt, und so könnte man lange weiterrechnen. Alles das teilen sich wenige Leute, doch alle Firmen, die dahinter standen, wanken beträchtlich, haben Insolvenz angemeldet, Moratoriumsverhandlungen aufgenommen oder sind pleite. FL Group schuldet 250 Milliarden, 217 Milliarden davon übersteigen die Eigenmittel. Zur gleichen Zeit liegen die so offensichtlich ungerechten und unbegründeten Dividenden in Holdinggesellschaften in Amsterdam und Luxemburg, sowie in Steueroasen, deren Existenz selbst den Präsidenten der USA zum Staunen bringt. Obama spricht davon, jenes Kapital mit 90 % zu besteuern; in Island aber ist man der Ansicht, dass die betreffenden Landsleute der Besteuerung zuvorkommen und das Geld freiwillig herausrücken sollen, denn im Grunde handelt es sich um nichts anderes als Beute: Geld, das ohne ersichtlichen Grund entnommen wurde, als ob ein schusseliger Kassierer fälschlich einen Batzen Geld auf mein Konto transferiert hätte. Als ehrenwerter Bürger müsste ich die Summe zurückzahlen; ich dürfte sie nicht behalten und das Land damit im Laufschritt verlassen und die Bank ausgebrannt und den Kassierer im Schock zurücklassen. Uns, den Bürgern Islands, steht die

Forderung zu, dass das Geld eingetrieben wird, lieber früher als später.

Auf der Liste von *Markaðurinn*, dem obengenannten Wirtschaftsblatt, geht hervor, dass die Sparkasse SPRON 8,9 Milliarden Kronen Gewinn ausschüttete. Als sie gegründet wurde, legten die Statuten fest, dass es sich nicht um ein gewinnorientiertes Unternehmen handeln solle, vielmehr eines, das auf gemeinnützigen Idealen beruht. Nun sieht es ganz so aus, als ob sich das Vermögen, das die Superreichen aus Islands Sparkassen abgesahnt haben, auf zig, wenn nicht gar Hunderte Milliarden Kronen beliefe. Nach juristischer Auffassung könnte dieses Geld durch eine einfache Gesetzesänderung wiedererlangt werden. Weshalb aber spielte diese Angelegenheit bei den Parlamentswahlen am 25. April 2009 keine Rolle? Sollte es mit den Finanzzuwendungen der Wirtschaft an die Parteien im Zusammenhang stehen? Wagen sich die Politiker nicht, ihren Gönnern nahezutreten? Das fragliche Geld gehört nicht in die Hände jener, die die Dividenden einstrichen. Sie sind nicht um Investitionen gebeten worden. Wir haben genug von den Investitionen – dieses Geld soll in einen gemeinsamen Pott fließen, um die Schulden zu begleichen, die 2000 Milliarden Kronen.

Wer zockt, soll seine Zockerschulden begleichen, und Regierungspolitiker sowie Kontrollinstanzen sollen Verantwortung übernehmen. Banker, die Darlehen mit Tilgungsaufschub aufgenommen haben, Politiker, die Teilhabergesellschaften und Schubladenfirmen gründeten, Großverdiener, die uns anlogen und täuschten, sie alle müssen Verantwortung übernehmen, selbst wenn sie politischen Parteien angehören oder für Parteien kandidieren. Sie könnten Farbe bekennen und sich normale Gehälter berechnen und die Differenz abliefern; die Differenz, der Gewinn, kam nicht durch reale Arbeit zustande, sondern durch Tricks und Raffinesse. Solange das nicht passiert, gibt es in unserer Gesellschaft keine Gerechtigkeit. Es ist hoffnungslos, der isländischen Bevölkerung, die bereits jetzt unter privaten Devisenkrediten ebenso wie unter inflationsgebundenen Darlehen zu Wucherzinsen und unter Arbeitslosigkeit zusammenbricht, jene Schulden aufzubürden, die ihr von Spekulanten beschert wurden.

Ein Drittel jener amerikanischen Haushalte, die Immobilienkredite aufgenommen haben, schuldet mehr, als ihre Häuser wert sind. Innerhalb eines Jahres haben sich die Schulden des amerikanischen Staatshaushaltes verdreifacht, unter anderem durch die Übernahme der Immobilienbanken Fannie Mae und Freddie Mac. Dazu kamen die Citybank, die Versicherungsfirma AIG und zahlreiche Unternehmen der Autobranche. Die USA sind die am höchsten verschuldete Nation der Welt und werden ihre Auslandsschulden niemals begleichen. Die Staatskasse stellt im Austausch für Waren und Dienstleistungen anderer Länder, beispielsweise China, weiterhin Obligationen aus. Es wird behauptet, China hätte hohe Anteile an Fannie Mae und Freddy Mac gehabt und gefordert, dass die US-Regierung diese Anteile rettet. Andernfalls hätten die Chinesen ihren Obligationsstapel auf den Markt geworfen und Forderungen an das amerikanische Wirtschaftssystem gestellt. So verhält es sich mit dem Wirtschaftssystem des fiktiven Reichtums, der Gesellschaft von Goodwill und Derivaten.

Nicht anders verlief das Schicksal unseres Fischereiquotensystems, wo Fischfangrechte wie Waren gehandelt werden. Die Ware wird aber nicht dem Besitzer vergütet, der Nation, sondern bar an die Inhaber der Rechte bezahlt, womit das

Fangrecht ein eigenes Leben erwirbt. Noch ungefangene Fische erhalten einen Preis. Der wird von Banken beliehen, und Milliarden werden abgehoben, um sich damit an der Börse zu vergnügen. Zuerst war die Fangquote an bestimmte Fangschiffe gebunden. Alle konnten erkennen, wie vernünftig es war, den Fang zu kontrollieren, damit es nicht zu einem Kollaps der Fischbestände käme. Die Fischereiflotte war nämlich gemessen an den Fanggenehmigungen viel zu effizient. Später wurde die Quote von den Schiffen auf die Reedereien übertragen. Ungeklärt ist, warum Reeder und ihre Vertreter die Beherrschung verloren und mit den Quoten zu wuchern begannen, als es daranging, das Fischereisystem neu zu ordnen. Jetzt liegen die Quoten verschuldet bei ausländischen Banken, und die Gläubiger stellen Forderungen an ungefangenen Fisch bis in eine ferne Zukunft hinein. Angenommen, die Ressourcen des Meeres wären gemeinsamer Besitz der Nation, dann geht die Rechnung so, wie sie ist, keinesfalls auf, denn es ist unmöglich, etwas zu beleihen, das es nicht gibt. Wenn die Quoten jemals an den Staat zurückgehen, müssen sie verliehen und nicht ausgehändigt werden, damit der Gegenwert in die Staatskasse fließt und nicht an Privatleute geht.

Individuen und Völker werden in Schulden gestürzt. Die Gläubiger wissen, dass die Schulden nicht beglichen werden, es sei denn durch Verkauf von Eigentum. So wird Eigentum durch endlose Zinsbelastungen weggeputzt. Diese Schulden werden nicht durch einen Überschuss im Staatsetat beglichen, denn es wird keinen Überschuss geben. Ganz im Gegenteil; die Schulden werden steigen und das Zinskarussell wird sich weiterdrehen. Deshalb ist die Staatsverschuldung das zentrale Thema, unabhängig davon, wie sie entstanden sein mochte und wer sie letztendlich bezahlt. Will die Regierung ihre Aufgaben wahrnehmen, oder will sie an Besorgungen und Bürgschaften für den Internationalen Währungsfond klebenbleiben? Mir kommt es so vor, als ob die Behauptung des Volkswirts Michael Hudson richtig sein könnte: »Der Internationale Währungsfond ist eine Art Geldeintreiber internationaler Gläubiger und kassiert für deren Hand Immobilien und Industrien. Das Unglaubliche ist, dass Staaten in allen Teilen der Welt ihre wirtschaftliche und finanzielle Unabhängigkeit verlieren, ohne Widerstand.« Die Neoliberalen haben bereits vorgeschlagen, die Naturressourcen Islands und die Energiequellen, wie andere Besitztümer auch, zu verkaufen. Einiges davon dürfte preiswert über den Tisch gehen. An dieser Stelle tritt der Währungsfond auf den Plan, als Handlanger der Gläubiger und der mächtigsten und am meisten verschuldeten Staaten der Welt. »Diese Staaten würden ihren eigenen Bürgern niemals eine solche Bürde zumuten«, sagt Hudson. Deswegen ist es merkwürdig, dass man in Island mit flehenden Augen sowie wachsendem Nachdruck in Richtung Internationaler Währungsfond und EU schaut, anstatt die Unsummen von jenen zu holen, die sie eingesackt haben. Der Internationale Währungsfond sieht keine andere Rolle für uns vor, als die Schulden zu begleichen, die uns Finanzaristokratie und Regierung beschert haben. Wenn wir der EU beitreten, sind wir endgültig auf der Intensivstation angelangt. Wenn die Gläubiger das Sagen haben, besteht keine Chance, des Problems Herr zu werden. Es handelt sich um einen finanziellen Krieg mit genau den gleichen Problemen, die einem herkömmlichen Kriegszug folgen – Krankheit, Selbstmord, steigender Alkoholismus und Drogenkonsum. So war es in anderen Ländern, warum sollte es hier anders verlaufen? Der Internationale Währungsfond hat zudem kein Gespür für Moral, wenn es zur Kreditgewährung kommt; dann geht es nur darum, soviel wie möglich herauszuholen. Ziel des Fonds ist es, vorrangig Schulden wie ICESAVE sowie Darlehen, die von tragenden Mitgliedsstaaten des Fonds gewährt worden sind, einzufordern. Jene Entwicklung, die sich in Osteuropa unter der Führung der EU abgespielt hat, ist nicht viel anders. Anstatt den osteuropäischen Staaten in der Entwicklung beizustehen, wurden die Banken auf sie losgelassen wie grimmige Hunde – sie betrachten diese Länder einzig als Darlehensnehmer. Dies ist die vorherrschende Finanzpolitik der EU, und wenn Island dort an die Tür klopft, wird sie kaum revidiert worden sein.

Uns wird gesagt, wir hätten keine Wahl. Entweder verhungern wir am langen Arm und werden zum »Kuba des Nordens«, oder wir treten der EU bei. Das ist natürlich absolut richtig; so wird es geschehen, wenn in Island nichts getan wird, keine Probleme angegangen werden, und man sich statt dessen der Fuchtel der Geldeintreiber beugt. Allem Anschein nach ist Unabhängigkeit nicht länger von Bedeutung, und Selbständigkeit besteht aus offenen Kreditlinien und Überziehungskrediten der Banken. Wird die Angelegenheit ausschließlich unter diesem Aspekt betrachtet, dann haben die EU-Befürworter absolut recht. Ich dagegen erlaube mir die Behauptung, dass wir niemals unabhängig geworden wären, hätten die Anführer unseres Unabhängigkeitskampfes so gedacht. Wir stehen also der alten Frage nach dem fetten Lakai und dem geprügelten Sklaven gegenüber. Die Sozialdemokratische Union liebäugelt mit dem fetten Lakai und ist einer. Sie will sich in Brüssel an den Tisch setzen und dort wie angewurzelt sitzen bleiben. Alle anderen Parteien äußern Zweifel und sogar Widerspruch, doch sie müssen sich dann auch die Frage gefallen lassen, wie sie das große Aufräumen anzupacken gedenken. Was soll getan werden? Werden die Verantwortlichen zur Verantwortung gezogen? Sollen unrealistische und ungerechtfertigte Dividenden zurückgefordert werden – solche, wie sie oben beschrieben wurden? Darf man Jón Ásgeir fragen, ob er bereit sei, sich auf der Basis der genannten Bedingungen am großen Aufräumen zu beteiligen? Soviel wie möglich zurückzubezahlen? Es wäre natürlich unfair, nur ihn zu fragen, denn auch all die anderen Expansionswikinger müssen sich dieser Frage stellen. Andernfalls werden ihnen die Fragen in aller Zukunft auf dem Gewissen lasten, obwohl es zweifellos keine Gewissensfrage ist, denn der Kapitalismus hat kein Gewissen, ebensowenig wie der Internationale Währungsfond, doch die Geschichte wird ihr Urteil fällen, so oder so. Diejenigen, die die Verantwortung am Schiffbruch des isländischen Wirtschaftslebens tragen, müssen sie anerkennen. Persönlich bin ich der Meinung, dass eine juristische Verantwortung dabei eine untergeordnete Rolle spielt; im Vordergrund steht die Rückgabe der Werte. Könnte der Großinvestor und Expansionswikinger Björgólfur Thor Björgólfsson die ICESAVE-Schulden abtragen? Sollte er nicht verantwortlich sein, könnte er andere Verantwortliche heranziehen. Er weiß, wohin das Geld ging, und falls er es nicht weiß, dann ist ihm bekannt, wer es weiß. So könnte man lange weiterfragen, oder darf man das vielleicht nicht?

Es dürfte in Island hinlänglich bekannt sein, dass es sich bei der Selbständigkeitspartei nicht um irgendeinen Straßenbautrupp handelt, es sei denn mit dem Hintergedanken, dass diese Partei die Piste anlegte, auf der die Gesellschaft entlangfuhr. Früher hatte die Position der Selbständigkeit durchaus etwas mit den alten kommunistischen Parteien Osteuropas gemein, wenngleich ihre Werte total entgegengesetzt waren und in eine ganz andere Richtung wiesen als die der Kommunisten. Dies trifft nicht zuletzt auf das äußere Erscheinungsbild der Selbständigkeitspartei zu, ihre Dienstfertigkeit gegenüber dem System, das zugleich Diener der Partei war. Seit einiger Zeit bröckelt nun die Parteidiktatur, und ihre Inkompetenz und Korruption treten immer mehr ans Licht. Lange ist es nicht her, dass es ausreichte zu fragen: »Bist du in der Partei?«, und alle wussten, welche Partei gemeint war. Eine lange Zeitspanne war die Selbständigkeitspartei eine Partei kleiner Potentaten, jener, die sich gaben wie eine Beere im Zentrum der gesamtgesellschaftlichen Torte, ausgestattet mit Privilegien und Lizenzen; sie deligierten Ämter und Fördergelder, ja genaugenommen, wer lebte und wer starb. Selbst Leute, die nicht in der Partei waren, leugneten die Vorteile eines Parteibuches keineswegs. Darüber könnte man ein langes Kapitel verfassen, denn die Selbständigkeitspartei ist kein einfaches Kapitel. Man könnte darin die national gesonnenen Konservativen abhandeln, die Gewerkschaftsbosse, die Sprecher der Seeleute, die Frauenvereine, die breite Unterstützung der Allgemeinheit, die die Partei genoss, und so weiter und so fort. Erst mit der zügellosen Marktwirtschaft wird die Selbständigkeitspartei zu einer einspurigen Partei, der jede Empathie fehlt, ebenso wie der Kontakt zur Gesellschaft. Parteimitglieder lauschten Hannes Hólmsteinn, wie er von Tortendiagrammen sprach, solchen, die wachsen, und anderen, die schwinden. Warum ist der Mann eigentlich nicht Konditor geworden? Die Ideologie der Marktwirtschaft wirkte sich auf die Selbständigkeitspartei wie eine schuldenbeladene Übernahme aus, eine Luftblase, in die sie kritiklos und widerstandslos hineingezogen wurde. Früher ähnelte die Selbständigkeitspartei eher einer Aktiengesellschaft mit verteiltem Risiko. Dann kam der Marktwirtschaftswolf und verschlang sie wie die Oma in *Rotkäppchen*. Die Partei wartet noch immer darauf, dass der Jäger vorbeikommt. Er scheint jedoch den Weg zur letzten Parteiversammlung nicht gefunden zu haben; mag sein, dass er sich verirrt hat.

Die Selbständigkeitspartei trat von der Machtbühne ab – man könnte sagen, sie wurde von der Machtbühne verdrängt, nachdem sie Island in die Pleite geführt und uns Einwohner auf unabsehbare Zeit verschuldete. Das System, das nun zusammengebrochen ist, hielt die Selbständigkeitspartei achtzehn Jahre lang an der Macht. Achtzehn Jahre in der Umarmung der freien Marktwirtschaft. Fast die ganze Zeit stellte die Selbständigkeitspartei den Ministerpräsidenten und bestimmte das Finanzministerium. Sie war in Koalition mit zwei anderen Parteien, zwei untergebenen Parteien, der Forschrittspartei und zwei Ausgaben der Sozialdemokraten, erst der Volkspartei und später der Sozialdemokratischen Union. Jene ging aus drei Parteien hervor: der Volkspartei Alþýðuflokkurinn, der Volksvereinigung Alþýðubandalagið und der Frauenliste Kvennalistinn. Wer sich mit der Vereinigung zur Sozialdemokratischen Union nicht abfinden wollte, gründete die Links-Grünen. Achtzehn Jahre. Die Epoche des Thatcherismus, des Blairismus, die Epoche ungezügelter Gier, des Betrugs, ja nahezu des Landesverrates, auch wenn letzterer wahrscheinlich nie auf dem Programm stand. *Landesverrat aus Fahrlässigkeit* – das ist das Schlusswort einer Epoche, einer Epoche dreier Regierungsparteien.

Die Selbständigkeitspartei begriff sich als selbsterwähl-
ter Vertreter so klangvoller Ideale wie gesunde Vernunft, ver-
antwortungsvolle Wirtschaftspolitik und zuverlässige Wirt-
schaftslenkung. Jetzt erleben wir, dass genau das Gegenteil
eingetreten ist, und man könnte ein UN- vor die Begriffe setzen. Die Vernunft entpuppte sich als ungesund, die Wirtschaftspolitik als unverantwortlich, und die Wirtschaftslen-
kung als unzuverlässig. Die Politik bestand aus Privatisierung
der Ressourcen, die sich zuvor im Allgemeinbesitz der Nation
befunden hatten, sowie dem Verkauf solider Staatsbetriebe,
Senkung der Steuern für Höchstgehälter, ohne dass die Steu-
erlast der Allgemeinheit merklich erleichtert worden wäre,
aus Propaganda gegen das Wohlfahrtssystem oder das, was
»Bevormundung des Staates« genannt wurde, ohne dass die
Aktivitäten des Staates in irgendeiner Weise geschrumpft
wären, wobei Dienstleistungen für die Allgemeinheit beschnitten oder kostenpflichtig wurden. Währenddessen wu-
cherte der bürokratische Apparat, Botschaften wurden in aller Welt errichtet und eine fragwürdige Politik der Großindustrie eingeführt. Im Herbst 2008 schließlich übernahm
die Bürokratie die astronomischen Schulden der Banken,
nachdem die Beute verschleudert worden war.

Nein, Staaten leben nicht von Kreditkarten, genauso-
wenig wie Personen. Die »Fetten Jahre«, *góðærin*, wie sie genannt wurden, sind vorbei, jene Party, welche groß und klein
gemäß der Philosophie der freien Marktwirtschaft genossen
haben. Zurück geblieben sind die Glaspaläste, einige halb-
fertig, andere halbleer, die Ferienhäuser, Hubschrauberplatt-
formen, Hangars, die halbfertige Konzerthalle am Kai, das
geplante Hochtechnik-Klinikum, die Entwürfe eines Lands-
bankinn-Palais, in dem sich Träume einer internationalen

Frauenbank verwirklichen sollten, sogar eines Aquariums. Das ist das Erbe der »Fetten Jahre«, halbfertige und ungebaute Häuser, Träume von Island als reichstem Land der Welt, um einen Buchtitel von Hannes Hólmsteinn zu zitieren, lauter Phantasien der freien Marktwirtschaft. Ihre Verkünder sprachen einmal davon, dass man die Wirtschaftstheorien der Welt angesichts des isländischen Wirtschaftswunders ändern müsse. Doch das Wunder war kein Wunder, weil es platzte.

Wir sollten fragen: Was hat unserer Nation unter dem Strich zum Erfolg verholfen? Nicht jene selbstgerechte Dummheit, die nur genommen und nichts zurückgegeben hat. Es ist vielmehr der Kampf des Volkes, der Gewerkschaftskampf, der uns Erfolg bescherte. Es war der Gewerkschaftskampf des letzten Jahrhunderts, der unser tragfähiges Wohlfahrtssystem hervorbrachte, das Schulsystem, das Gesundheitswesen, die Telefonleitungen, Schwimmbäder, Rentenfonds: Man könnte noch viel mehr aufzählen. Die sogenannten »Fetten Jahre« bestanden darin, den Ertrag des Gewerkschaftskampfes, das Gemeineigentum des Volkes, zu privatisieren und zum Kaufobjekt zu machen. Was sich vordem in Allgemeinbesitz befand, der Fisch, die Telekommunikation und die Banken, um einige Beispiele zu nennen, wurde Privatleuten auf dem Silbertablett überreicht und dann verschleudert. Hannes Hólmsteinn sagte selber, dass die »Fetten Jahre« darin bestanden hätten, sogenanntes »totes Kapital«, also das Gemeineigentum, zu aktivieren. Der Verkehr jenes Kapitals führte in der Gesellschaft zu Umsatz, den »Fetten Jahren«, doch jetzt ist dieser Verkehr beendet. Es kam zu einer Karambolage. Das Vermögen des Volkes wurde ausgegeben für Tand, Glaspaläste und Partys, und zum Verkauf ist kaum noch etwas übrig. Auch wenn ein Großteil der »Fetten Jahre«

eine Wirtschaftsblase waren, basierend auf Schwärmereien, darf man nicht vergessen, dass ihr Fundament aus realem Gemeinbesitz bestand: dem Fisch, den Rentenfonds und den staatlichen Betrieben. Die Rentenfonds wurden mit Hilfe korrupter Regierungen bis aufs Blut ausgelaugt, und die Privatisierung der Banken machte es möglich, Firmen und Gesellschaften zu verschulden und sich selbst Rendite auszuzahlen, ohne dass eine Wertschöpfung dahintergestanden hätte. Der Gemeinbesitz des Volkes, jenes »tote Kapital«, wurde verschwendet. Unsere Rolle ist, ihn zurückzuholen. Deshalb müssen wir kämpfen, demonstrieren und auf der Hut sein, wir müssen ein neues Wirtschaftssystem aufbauen, basierend auf dem verfassungsmäßigen Recht zur Nutzung der Naturressourcen und der Fischfanggenehmigungen. Die Vorrechte der Reichen müssen abgeschafft werden, sowohl juristisch als auch vor dem Fiskus; Privatisierung der Energiequellen und Energieunternehmen muss unterbunden werden, und sollte doch privatisiert werden, muss Vorsicht walten. Momentan brauchen wir Notmaßnahmen zugunsten der Privathaushalte und Unternehmen. Wir müssen den Fluch der Korruption abschütteln und unsere eigene Konstitution verfassen, und wir dürfen die Krise nicht als Vorwand benutzen, vor der Verantwortung für soziale Aufgaben zu fliehen: Ausbildung und Kultur, Beistand der Schwächergestellten, der Armen, der Einwanderer und Flüchtlinge. Nach diesen Worten übergebe ich an meine Leser. Macht weiter und verbessert, was ihr ändern wollt; und ich ende mit den gleichen Worten, mit denen ich auch begann:

Du, der du mit einer Insel im Herzen,
den Weiten des Universums
und Pflastern unter den Fußsohlen lebst:

Reich mir die Nordlichter!
Ich will mit dem Jugendlichen tanzen,
der die Sterne umfasst.

Wir ziehen dem Dunkel die Haut ab
und köpfen das Elend.

Textnachweis

Laxness, Halldór: *Der große Weber von Kaschmir*. Band 1 der Werkausgabe. Aus dem Isländischen von Hubert Seelow. Göttingen: Steidl 2002.

Laxness, Halldór: *Am Gletscher*. Band 2 der Werkausgabe. Aus dem Isländischen von Bruno Kress. Göttingen: Steidl 2002.

Laxness, Halldór: *Die Islandglocke*. Band 7 der Werkausgabe. Aus dem Isländischen und mit einem Nachwort von Hubert Seelow. Göttingen: Steidl 2002.

Laxness, Halldór: *Die Litanei von den Gottesgaben*. Band 9 der Werkausgabe. Aus dem Isländischen von Bruno Kress. Mit einem Nachw. von Hubert Seelow. Göttingen: Steidl 2002.

Laxness, Halldór: *Weltlicht*. Band 11 der Werkausgabe. Aus dem Isländischen von Hubert Seelow. Göttingen: Steidl 2002.

Majakowski, Wladimir: *Tragödie Wladimir Majakowski. Wölkchen in Hosen. Poem*. Übertr. von Alexander Nitzberg. Basel / Weil am Rhein / Wien: Urs Engeler Editor 2002.

Tranströmer, Tomas: *Sämtliche Gedichte*. Aus dem Schwedischen von Hanns Grössel. Edition Akzente. München / Wien: Carl Hanser Verlag 1997.